未来生活金融指南

我们如何应对不确定的时代

[加] 陈思进　李金枝——著

中国出版集团有限公司
China Publishing Group Co., Ltd.

现代出版社

图书在版编目（CIP）数据

未来生活金融指南 / （加）陈思进，李金枝著.
北京：现代出版社，2025. 6. -- ISBN 978-7-5231
-1515-2

Ⅰ. F49-62；F830-62

中国国家版本馆CIP数据核字第2025R98F82号

未来生活金融指南
WEILAI SHENGHUO JINRONG ZHINAN

著　　者	［加］陈思进　李金枝	

责任编辑	谢　惠
责任印制	贾子珍
出版发行	现代出版社
地　　址	北京市安定门外安华里504号
邮政编码	100011
电　　话	(010) 64267325
传　　真	(010) 64245264
网　　址	www.1980xd.com
印　　刷	三河市宏盛印务有限公司
开　　本	710mm×1000mm　1/16
印　　张	15.25
字　　数	156千字
版　　次	2025年6月第1版　2025年6月第1次印刷
书　　号	ISBN 978-7-5231-1515-2
定　　价	58.00元

前　　言

在这个全球化与科技高速发展的时代，变革正以惊人的速度改变我们的生活方式、经济模式以及社会结构。每个人都置身于变幻莫测的世界之中，不确定性成为常态。面对这一局面，如何应对挑战并抓住机遇，已成为每一个普通人亟须解决的问题。

金融，这个看似高深莫测的领域，实则与我们每个人的生活息息相关。它不仅是一种工具，更是一种思维方式、一种审视和理解世界的新视角。金融教会我们如何重新审视资源的分配、风险的控制以及财富的管理，让我们在纷繁复杂的世界中找到一丝清晰和理智。本书正是基于这一理念，从投资理财到职业导航，从养老规划到健康管理，再到教育和金融思维的培养，试图为读者提供一套系统性的应对方案，以帮助大家在复杂多变的时代背景下找到属于自己的方向。

在现代社会，我们不难发现，传统的生存技能已经难以应对当下的复杂性。金融市场波动剧烈，就业环境瞬息万变，全球经济大环境更是经历着前所未有的巨变。人工智能的爆发，如同一场突如其来的风暴，进一步加速了这种转变。这些因素交织在一起，使得个人和家庭的财务决策变得更为复杂。

撰写本书的初衷，正是源于对这些现实问题的深刻反思。笔者希望通过这本书，为那些在面对不确定因素时感到迷茫和困惑的普通人，提供一些实用的建议和指导。本书从金融的角度切入，旨在帮助读者理解投资的本质，掌握应对风险的方法，学会规划未来的生活路径。无论你是渴望实现财务自由，还是在寻找职业上的突破，抑或是希望保障自己和家人的健康与教育，都能在这本书中找到启发和答案。

本书共分为七章，每一章都围绕一个核心主题展开，力求为读者呈现一个全面而深入的金融世界。

投资理财的增值之道：本章将带领读者深入剖析黄金、股票、债券、数字货币等投资工具的核心价值与潜在风险，并在这个纷繁复杂的市场中帮助读者找到一条清晰的投资路径。

金融视角下的职业导航：本章剖析就业市场的新趋势，探讨金融行业在全球经济巨变和技术冲击下的新方向，为读者揭示金融行业的未来发展趋势，以及如何在这个变幻莫测的行业中找到属于自己的职业定位。

金融科技的当下与未来：本章将重点阐述人工智能技术的爆发如何深刻改变金融行业的面貌。从智能投顾到区块链技术，从大数据分析到云计算应用，带读者领略金融科技的魅力，以及普通人如何适应和拥抱这些变化，并抓住金融科技带来的机遇。

金融智慧下的晚年保障：本章深入探讨养老规划、医养结合模式以及低生育率对社会的影响，为读者提供切实可行的养老解决方案，让读者在享受晚年生活的同时也能拥有足够的经济保障。

健康管理中的金融奥秘：本章探讨一个将金融与健康相结合的全新尝试，将从健康投资到医疗保险等多个角度，探索金融如何介入健康领域，帮助个人实现健康与财富的双赢，让读者在追求健康的同时也能合理规划自己的财务资源。

教育里的金融之路：本章将探讨在知识爆炸的时代教育投资中的金融素养教育的重要性，以及如何利用金融工具规划家庭教育，为孩子的未来打下坚实的基础。

金融思维的培养：本章将从心理学到哲学层面全面介绍如何培养金融观念，读懂市场规律，并带领读者走进金融思维的殿堂，最终在人生规划中找到智慧的答案。

事实上，本书每一个章节不仅包含了详尽的理论分析，还融入了生动的案例。这些案例都源自现实生活，旨在帮助读者在学习的过程中加深理解，并将所学知识付诸实践。通过这本书的学习，读者不仅能够掌握金融的基本知识和技能，更能够培养一种金融思维的方式，让你在未来的生活中更加从容和自信。

在这个不确定性成为常态的时代，拥有金融思维意味着什么？

首先,它意味着我们能够以更加广阔的视角审视未来的变化。无论是面对人工智能带来的就业挑战,还是应对全球经济波动的风险,金融思维都能为我们提供理性判断的框架。它能让我们在纷繁复杂的世界中保持清醒的头脑,做出更加明智的决策。

其次,金融思维教会我们如何在变化中寻找确定性。通过资产配置、多元投资以及风险管理等策略,我们能够在复杂的环境中稳步前行。即使面对未知的挑战和风险,我们也能够最大限度地减少不确定性带来的冲击,保护自己和家人的财产安全。

最后,金融思维还能帮助我们规划更长远的未来。从养老规划到教育投资,从健康管理到职业发展,金融思维渗透在我们生活的每一个关键节点。它为我们提供切实可行的解决方案,让我们在未来的道路上更加坚定和自信。

目　　录

第一章

投资理财的增值之道

什么是金融

"金融"一词承载着人们对财富增长和社会进步的无限向往。然而，金融市场复杂多变，金融产品种类繁多，往往伴随着难以预测的金融风险。因此，笔者想以在金融领域有着丰富实战经验的投资者身份，结合多年的研究和实践，为大家揭示金融的本质、运作机制等，以希望帮助大家在金融的迷雾中找到一盏明灯。

金融的本质是资本的融通，是合法地掏别人兜里的钱。笔者曾在《看懂金融的第一本书》（广东人民出版社，2020年版）中详细阐述了以下观点：资本融通是金融的核心功能，通过金融市场的运作，将资本从盈余者手中转移到短缺者手中。这其实不只是数字的增减，还是资源的合理配置与价值的创造。举个例子，笔者曾在华尔街从事金融软件开发工作，随着金融行业开始衍生化，金融软件系统受到了华尔街投行的重视，并被重金收购。这一过程中，这些资本就从技术人才手中（资本盈余者），通过市场运作，转移到了有金融软件需求的投行手中（资本短缺者）。这些金融软件帮助投行提高了工作效率和风险管理手段，使得投行可以更好地进行资源配置和投资决策，从而创造更大的价值和财富。实际上，这种价值是金融服务的价值，不仅体现在投行层面，还体现在风险管理、信息咨询等多个方面，推动了金融行业的信息化程度，促进了经济的发展。

在"9·11"事件发生当晚的直播中，笔者曾说的最后一句话是："机会来了……"那么，究竟是什么机会呢？目前，中国经济正在转向以AI为主导的电子或数字工业，这一新质生产力预计将引领中国经济走出当前的境况。这种发展依赖于中国积累的工程师红利，高技术人才将在这一行业中占据主导地位，形成赢家通吃的局面。

另外，金融有其自身的三大核心要素：信任、杠杆和风控。

信任是金融活动的基础，无论是银行借贷、股票交易还是期货合约，都需要双方或多方的相互信任。在金融市场中，投资者需要对金融机构有足够的信任，才会放心地将资金交给他们进行投资和管理。同时，金融机构也需要信任投资者的诚信和还款能力，才能提供相应的贷款及其他金融服务。在金融市场中，这种信任关系的建立和维护对其稳定健康的发展至关重要。如果信任崩塌，金融机构将在金融危机中陷入困境，甚至可能导致全球金融市场的动荡。

杠杆是金融活动中的一个重要工具。它就像一把双刃剑，既能放大金融活动的效果，使投资者能够以较小的资本获得较大的收益，也会带来极大的风险，一旦市场波动异常或投资失败，投资者可能会面临巨大的损失。笔者在《看懂金融的第一本书》中提醒读者，合理使用杠杆是投资者在金融市场中必须谨慎考虑的问题，警惕过度杠杆化带来的风险。以房地产市场为例，在房价上涨时，许多投资者通过杠杆融资进行投机，但当房价下跌时，这些投资者往往因为无法偿还贷款而陷入困境，甚至导致金融市场的危机。

风控是金融活动中不可或缺的环节，是金融活动的生命线。它能有效地降低金融风险，保障金融市场的稳定。因此，金融机构需要建立完善的风控体系，对投资风险进行评估和管理，以确保资金的安全和收益的稳定。同时，投资者也需要加强风险意识，学会如何规避风险。笔者在多年的投资实践中，深刻体会到风控的重要性。在进行股票投资时，我们通常会进行详细的基本面分析和技术分析，评估股票的投资价值和市场风险，同时设置止损点以控制潜在的损失。这种风控策略不仅有助于保护投资本金，还能在市场波动时保持冷静，做出理性的投资决策。

我们总说，金融市场是一个充满机遇与风险的地方。这意味着投资者需要密切关注市场动态，保持清醒的头脑和冷静的判断力，理性分析各种因素对市场的影响，以做出正确的投资决策。同时，投资者也需要学会如何管理风险，避免盲目跟风和投机行为。以笔者在华尔街的亲身经历为例，我们深刻体会到了金融市场的复杂多变。此前，某投资公司通过操纵某股票的交易价格和交易量，制造了一场震惊华尔街的市场操纵案。他们利用资金优势，在高位大量买入这只股票，将其价格推至高点。同时，他们还利用媒体和网络平台散布虚假信息，误导投资者跟风购入这只看似具有巨大投资价值的股票。然而，当某投资公司在高位大量抛售股票时，股票价格迅速暴跌，导致众多投资者遭受重大损失。因此，在投资实践中，我们应该对市场进行详细分析，关注宏观经济、政策变化、行业动态等多个方面，避免信息不对称、市场心理影响等情况，以把握市场的趋势和机遇。同时，我们可以通过分散投资、设置止损点等方式进行风险管控,降低投资风险。

除此之外,金融市场中还蕴藏着不可忽视的金融风险。金融市场的波动性、信息不对称性、机构操纵等因素都可能给投资者带来损失。笔者详细分析了不同类型的金融风险,如市场风险、信用风险、流动性风险等,并提醒投资者要充分认识到金融市场的风险,学会如何规避风险。例如,在进行债券投资时,投资者需要关注债券的信用等级和到期期限等因素,以评估债券的违约风险和流动性风险。

在此,笔者想通过一个现实中的小案例来解释金融对个人生活的潜在影响。假设央行突然宣布调整利率,这对我们每个人的生活可能产生深远的影响。对于存款者来说,如果利率上升,那么存款的利息收入将增加,这无疑是一个好消息。然而,对于贷款者来说,情况就完全不同了。利率的上升意味着他们需要支付更多的利息,这将增加他们的还款压力。特别是那些背负着房贷、车贷等大额贷款的人,利率的变化可能会对他们的财务状况产生重大影响。因此,金融市场的波动,特别是利率的变化,不仅影响着投资者的投资决策,也深刻地影响着每一个普通人的日常生活。

说到金融投资,笔者曾明确区分投资和投机的概念。投资与投机是金融活动中两种不同的行为。投资是指收益主要来自投资产品所产生的财富价值,如股息、利息、租金等。投机则基本依靠价差来实现收益,其收益主要来自另一投机者的亏损。投资是一种长期的行为,需要耐心和坚持;而投机则是一种短期的行为,容易受到市场波动和情绪的影响。散户投资者在金融市场中往往处于劣势地位，容易受到市场波动和机构操纵的影响。因此，散户投资者需要加强金融知识的学习和积累，提高自己的投资能力和风险意识。同时，他们也需要学会管理自己的情绪和心态，避免被市场的短期波动所左右。在股市投资中，许多散户投资者因为盲目跟风或情绪化交易而遭受损失。因此，保持理性的投资态度，是散户投资者在金融市场中生存和发展的关键。

所以，有效的金融监管对于维护金融市场的稳定和健康发展至关重要。监管机构需要把握好监管的度，既要防止金融风险的发生，又要避免过度干预市场运行。笔者分析了金融监管的重要性、原则和方法，并建议建立完善的监管体系，加强跨部门、跨市场的监管协调，以应对日益复杂的金融风险。在应对金融危机时，监管机构需要采取及时有效的措施来稳定市场信心和维护金融秩序。同时，监管机构还需要加强对金融机构的监管和检查，确保其业务合规和风险可控。

当然，随着金融科技的不断发展和创新，金融监管面临着新的挑战和机遇。未来金融监管将呈现数字化、智能化等趋势，这些趋势将提高监管的效率和准确性，但也会带来新的挑战和问题。监管机构需要不断适应市场的变化和创新，加强监管技术的研发和应用，以提高监管的水平和质量。例如，监管机构可以利用大数据和人工智能技术来监测和分析市场动态、风险情况，及时发现和处置潜在的风险隐患。同时，监管机构还需要加强对金融科技的监管和规范，确保其健康有序发展。

与此同时，金融科技的发展将推动金融行业的变革。随着大数据、人工智能、区块链等技术的不断发展，金融行业将迎来前所未有的变革。这些技术将提高金融服务的效率和准确性，降低交易成本和风险，推动金融行业的创新和发展。笔者详细分析了这些技术在金融行业中的应用和前景，探讨了这些技术如何改变金融行业的格局和竞争态势。例如，大数据和人工智能技术可以用于风险评估和信贷审批等领域，提高金融服务的效率和准确性。区块链技术则可以用于构建去中心化的金融平台，降低交易成本和风险。这些技术的发展将为金融行业带来新的机遇和挑战，推动其不断创新和发展。

然而，金融在追求经济效益的同时，对全球经济也具有重要影响。金融市场的波动和变化不仅影响本国经济，还会对全球经济产生深远影响。例如，金融危机的爆发往往会导致全球经济衰退和失业率上升。因此，各国需要加强金融合作和监管协调，共同应对金融风险和挑战。同时，金融的发展也推动了全球经济的繁荣和增长。金融机构和投资者通过跨境投资和融资活动，促进了全球资源的优化配置和经济增长。

总体来说，金融是一门科学，更是一门复杂的艺术。它涉及资本融通、信任、杠杆、风控、市场运作、投资与投机、风险与监管等多个方面。金融的本质和运作机制，提醒投资者要保持理性的投资态度，加强金融知识的学习和积累，提高自己的投资能力和风险意识；要关注金融科技的发展和创新，抓住未来的机遇和挑战；要理解金融的智慧与哲学，把握金融与经济的内在联系和规律。

在金融的世界里，我们需要不断地学习和探索，才能更好地理解和把握这个充满机遇与风险的领域。笔者的金融智慧不仅来自多年的投资经验和实战策略，更来自对金融本质的深刻理解和哲学思考。

黄金的前世今生

在更深入地剖析黄金与大宗商品市场的复杂关系时，我们应对其背后的经济逻辑、内在风险、全球金融体系进行挖掘。

黄金，这个从来就被视为财富和权力象征的贵金属，在现代金融市场中似乎扮演着避险资产的角色，甚至成为反映全球经济情绪、预期和风险的晴雨表。

黄金作为一种贵金属，是金属王国中最珍贵、最稀有的金属之一。纵观世界货币史，黄金不仅有出色的表现，而且历史悠久。根据古希腊史学家希罗多德（Herodotus，约前484—前425）的记载，"吕底亚人是我们所知当中第一个铸造、使用金币和银币的民族，他们可以说是最早的零售商"。吕底亚（Lydia）是公元前700年位于小亚细亚西部的一个富庶的古王国，距离希腊爱琴海大约200英里（约合320公里）。

吕底亚处于不同文明地区的东西交通要道之上，繁荣的贸易和商业活动对简易兑换流通的金币产生了自然的要求，而且吕底亚位于盛产冲积沙金的佩克托勒斯（Pactolus）河岸，黄金供应的基本面良好。由于其地理位置特别重要，在希罗多德的文献里，吕底亚人"拥有大量金钱"。考古工作者在公元前600年的遗址中发现了几枚吕底亚王国克列兹（Croesus，又译克洛伊索斯，前560—前546年在位）时代的金币，这也证明了希罗多德没有说错，吕底亚在这个时期的流行货币金币铸造得非常精美。

黄金作为饰品与黄金作为货币这两者之间的联系，在人类历史早期便已存在，并一直延续至今。

在众多的文化环境中，黄金作为货币扮演了非常重要的角色，支撑着商业的发展，并在交易中享有很高的声誉。例如，在奥运会比赛中，金牌获得者站在领奖台上的光荣一刻，令人神往和激动。同时，人人都会觉得金牌（而非别的什么金属）给予最出色的运动员，是十分合乎情理和天经地义的事。

当黄金的作用仅限于装饰品使用而非当铸币以及用于储藏时，少量的黄金即可满足需求。例如，古埃及人年产黄金的数量不过一吨而已。铸币的出现与发展，推动了黄金在民间的流通和大规模的需求。

在英国早期，牛和奴隶充当过货币，其价值由法律确定，尽管教会极力反对奴隶制，拒绝教徒在教堂忏悔赎罪时采用奴隶作为货币支付的方法。

在中世纪，胡椒粉作为货币甚为流行。在一些地区，牲畜成为储藏财富的手段，而非像现代社会中牛等牲畜被作为食品供应的来源之一。类似这样的做法，导致了非洲部分地区严重的生态退化，如1955—1976年非洲绵羊和山羊的数量减少了6600万只以上。

这仅是罕见的个案。在现代社会中，没有一种具备具体功用性能的物质能够长期充当货币。例如，在第二次世界大战结束后的早期阶段，香烟在德国被当作货币来使用，但它一旦被吸食，形体便完全消失了。相反，黄金作为金属，因为质地太软，所以并没有什么具体功用性的使用价值。

但是，与其他无甚用途的物质比较而言，黄金充当货币具有很明显的优势，它不像在若干世纪中亚洲部分地区所使用的玛瑙贝易碎，更便于久藏且不易破碎。每一块黄金，无论其体积大小，在任何地方都能够被立即辨识，并作为价值极高的载体而被接受。同时，每一块黄金的价值仅以其重量和纯度区分，但这些属性在牲畜身上便很难体现。

在辉煌了几个世纪后，黄金在货币世界中逐渐失去了光环。20世纪80年代早期，经济的基本趋势是将黄金排挤出舞台的中心。由于持有黄金没有利息收入且需要储藏成本，与其他投资机会相比，拥有黄金的代价是昂贵的，但是当人们预期通货膨胀将会失去控制，尽管存在成本上的顾虑，黄金还是值得拥有的。

1980—1999年，生活成本上涨了一倍，年通胀率大约在3.5%，但是黄金的价格却下降了60%。1980年1月，购买价值850美元的一揽子商品和服务，需要1盎司的黄金；而到了1999年，购买同等价值的一揽子商品和服务，就需要5盎司的黄金。

造成黄金价格较低的原因，是由于官方大量出售黄金。不仅美国，其他国家以及国际货币基金组织（International Monetary Fund，IMF）也都在出售黄金。黄金价格在1982年为每盎司375美元，在美国股市1987年崩盘后，黄金价格升至将近每盎司500美元。但各国中央银行在黄金价格高企时，鲜有出售黄金的动作。当1992年黄金价格盘跌至每盎司350美元时，各国中央银行出售了大约500吨的黄金；当1992—1999年黄金价格降至每盎司300美元以下时，各国中央银行出售了3000吨黄金，平均每年400吨左右。

1997年，瑞士出台报告，重建瑞士货币体系，将瑞士法郎与黄金的联系切断。两年后，英国采取了相同的措施来处置其所拥有的黄金库存，而黄金曾是英国显赫势力的象征。1999年5月，英国财政部宣布将出售其715吨库存黄金中的415吨，国际金价应声大跌4%。

每当各国中央银行在市场上将黄金进行官方拍卖时，金价便会以下跌做出回应，结果中央银行出售黄金的所得就会减少。如果各国的中央银行在同一时间抛售它们的窖藏黄金，那么金价就会一泻千里，从而酿成灾难。因此，各国中央银行在之后五年里，每年出售的黄金为400吨，这一数字与此前八年的年均出售数量相当。同时，国际货币基金组织宣布将"遵守"所达成协议的精神。澳大利亚和南非也加入了这一非正式联盟，使得整个待售的官方黄金数量占到存世黄金数量的85%。另外，各国的中央银行还限制向采矿企业发放贷款。

黄金的涨落起伏虽有它自己的偶然性，但和中央银行的打压机制也脱不了关系。1993年以来，中央银行对黄金市场进行了系统的干预，导致投资者对经济形势和通货膨胀做出误判，形成价值扭曲和低利率，从而引起了金融泡沫。

在20世纪90年代，黄金的消费量翻了一倍。当其他商品的价格开始上涨的时候，黄金的价格却开始下跌，结果黄金变得不那么昂贵了。

在货币世界，黄金的窗口在1971年被美国总统尼克松（Richard Milhous Nixon，1913—1994）关闭。1944年7月，来自44个国家的代表聚集在新罕布什尔州（New Hampshire）的布雷顿森林（Bretton Woods），召开联合国货币金融会议（United Nations Monetary and Financial Conference），通过布雷顿森林体系，同意美元与其货币挂钩，于是美元成为唯一能满足国际货币交易不断增长需求的货币。

随着越南战争（1961—1975）的旷日持久和不断升级，美国元气大伤，国力也有所下降。1968年3月，美国官方的黄金储备竟然下降到100亿美元，而这是美国黄金储备的临界点。100亿美元的黄金储备被人们称为必要的、永久的"战争基金"，如果这一数字继续减少的话，将会对美国产生致命的打击。

1971年，美国总统尼克松终止了美元与黄金的固定兑换比率。当时，尼克松没有与布雷顿森林体系签约国协商，甚至没有与国务院商量，而独自做出终止美元与黄金关联的决定，此事件被称为"尼克松冲击"。之后，美元成为完全浮动的法定货币，美国政府可以印刷更多的货币，布雷顿森林体系崩溃，金本位也宣告终止。

沙特阿拉伯意识到美国和世界其他国家需要更多的石油，想向世界最大的经济体美国出口更多的石油。于是，沙特阿拉伯与美国达成项目协议，规定沙特阿拉伯石油交易仅使用美元进行。这立即引起了全球对美元的强烈需求。从1975年起，所有的石油输出国组织（Organization of the Petroleum Exporting Countries，OPEC，音译欧佩克）成员都同意石油交易只能使用美元。

当黄金失去既有的权势之后，它便不再是各国中央银行关注的焦点，也不再是固定汇率和金融交易的中心，就像这个世界上的其他东西一样，没有什么会永垂不朽。从历史经验来看，斯塔特金币（Stater，吕底亚货币）、拜占庭金币、第纳尔金币（Denarius，阿拉伯货币）以及英镑，都没有在世界金融体系中占据永久的统治地位。当美元或欧元无法在世界范围内履行支付工具的职能时，黄金或许会再一次充当起终极仲裁者的角色，尽管这种情况发生的可能性极小。

著名全球投资人巴菲特（Warren E. Buffett）曾说，金价涨，便是"财务的冬藏时刻"；金价跌，则意味着"资本的春种时节"。换言之，黄金是市场情绪的体温计，而非财富增长的发动机。

股票、债券、基金的投资智慧

在投资的世界里，股票无疑是最具吸引力的投资工具。但笔者在多次访谈和文章中反复强调：股票投资，风险与机遇并存。投资者必须充分认识到这一点，并做好风险管理。笔者曾经说过："在投资理财上，我们两个都踩过了一些坑，想要尽我们全力去提醒大家，但是真的是像小马过河一样，有些河是要自己蹚过才知道深浅的，有些跟头是要自己摔过才知道疼的——这种体验我们没办法帮你去经历，投资就是自己的一场修行。"

投资与投机有着本质的区别。投资是注重长期收益和资产增值的行为，股票投资需要耐心和长期持有。投机则是短期的、高风险的行为，它更像一场赌博，赢了固然好，输了却可能倾家荡产。因此，我们应多投资、少投机，甚至不投机。在《投资与投机的区别》一文中，笔者明确指出："投机是指如果你买入一个金融产品之后，准备以更高的价格卖出，比如股票、房子的低买高卖，那就是投机；而投资是指你投入的指望这个金融产品能不停地产生收入，比如定期得到利息分红和房租不菲收入，那就是投资。换句话来说，投机是参与一种零和游戏（亏损的钱和赚取的钱之和为零），投资能够创造财富。而投机不创造财富，只是财富的重新分配和转移。"

对于股票投资，长线投资是获取稳定收益的重要方式。例如，巴菲特之所以成功，并不是因为他有什么神秘的投资技巧，而是因为他坚持长期持有优质股票，并注重企业的基本面分析。巴菲特这么成功的深层原因有三条：第一条是活得长。在投资的三驾马车——本金、收益率和时间上，时间的作用往往被人忽略，但在做投资的同时一定要注意自己的健康，争取做个长线投资者。第二条是企业有深厚的"护城河"。对于巴菲特来说，苹果公司（Apple Inc.，美国跨国科技公司）早已不是高科技公司，而是一家高护城河的公司。第三条是源源不断的现金流。巴菲特开设的保险公司本身就是强大的现金流来源，因此其根本不害怕市场下跌，可以对优质企业补仓。

同时，在投资过程中贪婪和恐惧是投资者的两大敌人，它们往往会让投资者做出错误的决策。因此，投资者要学会控制自己的情绪，避免受到贪婪和恐惧的驱使。在《华尔街傻瓜投资法》一文中，笔者这样写道："在长线来看，究竟怎样投资最为妥当呢？一要坚持不懈，长线投资；二要选择最合适的投资工具。不过，说说简单，我们都是凡夫俗子，既非巴菲特那样的'股市天才'，也非李嘉诚那样的'企业超人'。从长线来看，究竟怎样投资最为妥当呢？……用'傻瓜投资法'进行投资，首先要预定自己的期望寿命。（20世纪）90年代，人（类）的期望寿命为90岁，现在人类的寿命越来越长，如今已改为100岁了。假设你今年30岁，100减30等于70，那你就将70%的钱放在股市上，按每月收入的结余投入指数基金里，其他30%的投资放在债券上；如果你今年40岁，股市投资减少到60%，债券增加到40%，以此类推。"

　　除了上述投资策略，还有一些新兴的投资工具，如 ETF。ETF，即交易所交易基金（Exchange Traded Fund，ETF），以及我们之前提到的指数基金，都是当今投资界的新星。它们不仅拥有低费率的显著优势，还能帮助投资者实现多样化投资。ETF 通常跟踪某一特定的市场指数或行业板块，而指数基金则通过被动管理的方式，追踪市场整体表现或特定指数的表现。这些基金用电脑软件控制，被动地对所投资的股票按指数的比例进行调整，成本极低，管理费平均只占 0.2% 左右，比一般基金 2% 的管理费低了十倍以上。

　　接下来，我们谈谈债券投资。债券投资相比股票投资具有更高的安全性。特别是政府债券，因为有税收作为保障，所以风险比较小，收益也相对稳定。所谓政府债券，是指政府财政部门或其他代理机构为筹集资金，以政府名义发行的债券，主要包括国债（国库券）和地方政府债券等，其中最主要的是国债。相比之下，在债券投资中，政府债券的风险最小，收益也相应最小，因此通常会提供减免税收的优待，以吸引人们购买。

　　当然，债券投资也是多样的。除了政府债券，还包括公司债券、企业债券等多种类型。公司债券是股份制公司按法定程序发行的作为债务凭证的有价证券，公司承诺在未来的特定日期偿还本金，并按事先规定的利率支付利息。公司债券持有者，取得利息优先于股东分红；公司破产清算时，也会比股东优先收回本金。在中国，债券投资还特设有企业债券（enterprise bond）。综合而言，投资者可以根据自己的风险承受能力和收益期望选择合适的债券投资类型。

但要明白的是，投资就意味着风险，债券投资只是相对安全，仍然存在信用风险和市场风险。在购买债券时，要关注债券的信用评级和发行主体的财务状况。债券的最大风险在于发行者的偿还能力。在债券投资中，通常风险越高，息率也越高。例如，新兴市场债券，因为这些债券的发行者信用评价很低，破产可能性较大，债券很容易失去成交量甚至变得一文不值，所以必须以高息率吸引人们购买。债券通常需要由评级机构评定等级信用，而信用等级是度量违约风险的一个重要指标，供投资者决策参考。

当然，基金投资的优势很多。基金投资可以通过分散投资降低风险，同时由专业基金经理管理，可以提高投资效率。对于基金投资，投资者也需要保持心态平稳，避免频繁交易和盲目跟风。基金投资同样是一个长期的过程，需要投资者有足够的耐心和信心。

此外，从行为金融学的角度来分析投资者的典型心理误区，其中一个重要的心理误区就是"损失厌恶"。损失厌恶，是指投资者对损失的厌恶程度远高于对获得的喜悦程度。这种心理往往导致投资者在亏损时过度焦虑，而在盈利时却过于保守。为了避免这种心理误区，投资者需要学会理性看待投资结果，将注意力放在长期的投资目标上，而不是短期的得失。

在这里，笔者想再次强调指数基金的优势。指数基金能够跟踪市场整体表现，长期来看具有一定的稳定收益。投资者可以将一部分资金配置在指数基金上，以实现资产的保值、增值。例如，标普500指数（S&P 500 Index，SPX）里的公司每年都在做调整，以确保

18

这支标杆代表美国公司的最佳状态；还有选择30家各个行业中最大最强公司的道琼斯指数（Dow Jones Indices，DJI）；另有罗素2000指数（Russull 2000），主要反映美国的小型股市场表现，是关注小型股的投资者的重要指标，故亦称"Russell 2000小型股指数"（Russell 2000 Small-Cap Index）。这些指数都由专业金融机构通过极其复杂严谨的研究产生。一般来说，追寻指数的基金被称为"指数基金"，这种基金用电脑软件控制，被动地对所持有的股票按指数的比例进行调整，即被动投资管理。

所有的投资最后都离不开综合投资策略，毕竟投资自己的大脑才是最划算、最智慧的投资。投资者在进行资产配置时，应根据自己的风险承受能力和收益期望，合理配置股票、债券、基金等各类资产。投资者可以采用前文叙述的"傻瓜投资法"，将资金分配到不同的投资品种中，以实现资产的多元化和风险的分散。另外，投资者应持续学习金融知识，提高自己的投资能力和认知水平。同时，在投资过程中不断反思和总结经验，学会思考和反思，总结经验，以提升自己的识人断物能力。当然，投资健康与大脑是两大主题，又是统一不可分割的，毕竟人健康了，大脑也就好了，大脑好了，认知就提高了，这就是享受健康带来的福利！

此外，投资者在进行投资决策时，应关注宏观经济和市场动态。市场每年都会经历一次大调整，每十年都会经历一次超级大调整，因此，必须关注国内外经济形势、政策变化以及市场走势等因素，以便及时调整自己的投资策略。

房地产投资的考量

"房地产是投资性财富"的说法，是这个世界 0.5% 的富人对绝大多数穷人的集体洗脑，因为那是他们快速牟利的最经典、最便捷的招式，屡试不爽。除此之外，他们很少能找到如此快速的致富方式，而科技革命和产业革命的速度总是远远落后于人们对财富的向往速度。

如果要改变人们对房子的观念，首先要改变房子是投资品的观念，将房子看作消费品，和汽车、电视一样。

其实，货币与房地产市场之间存在紧密的联系。在《从"创造"货币角度看未来十年房价走势》一文中，笔者详细剖析了银行如何通过贷款"创造"货币，进而影响房价的波动。当房价上涨时，银行愿意提供更多的房贷，从而"创造"出更多的货币，这些货币又进一步推高了房价。这种正反馈机制使得房地产市场与货币政策紧密相连，成为影响房价波动的重要因素。因此，要理解房价的走势，就必须关注货币的供给与流动。

此外，高房价对经济的不良影响也是一个焦点问题。在具体分析中，我们不能忽视一些关键的数据和现象。例如，据中国国家统计局的数据，中国部分城市的房价已经远远超出了普通家庭的承受能力，这不仅影响了民众的生活质量，也制约了经济的可持续发展。

高房价不仅吸引了大量资本进入房地产行业，导致其他产业发展受阻和就业岗位减少，还严重挫伤了民众的购买力，大幅拉低了内需。再者，高房价加剧了贫富差距，导致中下层收入家庭难以积累财富，进一步阻碍了社会公平和经济发展。因此，降低房价、促进房地产市场的健康发展，对于经济的长期稳定增长来说至关重要。

如今，房子已成为金融产品，其基本价值源于出租所产生的收入，通过租售比等衡量房价是否合理的指标，分析房价与租金之间的合理关系。当房价脱离了基本的价值时，泡沫就形成了。目前，中国房地产市场持续的高房价已经脱离了经济基本面，存在严重的泡沫风险。如果政府不采取有效措施挤掉房地产泡沫，就有可能引发金融危机甚至经济危机，对国家和民众造成巨大损失。这里，我们要批评过去的经验归纳带来的误区——"政府越调控购房政策，房价涨得就越高"。其实，控制债务的关键不是惜贷限制购房，而是限制投机炒房。政府应该通过开征房产税、严格控制银行房贷等手段来抑制投机行为，使房价回归合理水平。同时，投资者应该理性看待房价的涨跌，避免盲目跟风和投机行为，以免陷入投资陷阱。

当前，房地产市场正在经历分化与趋势的变化。房地产市场低迷的现象主要表现在商品房成交低迷、降价甩卖等方面，其市况已从二三线城市向一线城市蔓延。楼市拐点不期而至的表现，导致未来房地产市场将呈现分化的趋势：一线城市和有人口流入的二线城市可能会保持相对稳定，而三四线城市的房价则可能面临较大压力。

为了更深入地理解房地产市场的未来走势，我们进行了大量的国际比较与借鉴，并分析了美国等发达国家房地产市场的经验教训。因此，在挤掉房地产泡沫之后，应该走创新、发明创造的道路，促进实体经济的发展；应该借鉴其他国家的成功经验以避免重蹈覆辙，通过政策调控和市场机制相结合的方式，实现房地产市场的健康稳定发展。

总的来说，房地产投资是一个复杂的话题，需要我们从多个维度进行深入剖析和思考。当前房地产市场虽然面临着诸多挑战和问题，但对于房地产市场的未来，我们依然保持着谨慎乐观的态度：只要政府采取有效措施加以引导和调控，就能够促进房地产市场的健康发展。

数字货币的机遇与风险

近年来，数字货币的快速发展引起了广泛关注，数字货币的发行是货币发展的必然趋势。回顾历史，从贝壳到刀币，到金银、铜钱，再到纸币，货币的形态随着技术的进步不断演变。如今，随着互联网、区块链、AI 等技术的发展，货币（法币）的数字化已成为不可阻挡的趋势。数字货币的本质仍然是货币，与现金的本质相同，只是发行方式发生了变化。这种变化将带来支付和交易方式的革新，极大提高了经济效率。

数字货币的便捷性是其重要优势之一。想象一下，人们只需要在手机上装一个App，不需要绑定任何银行账户，就可以随时随地进行交易。这种便捷性将极大地方便人们的日常生活，无论是购物、转账还是支付，都将变得前所未有的轻松和快捷。以比特币为例，尽管它存在诸多争议，但其去中心化的特性使得用户可以在全球范围内自由交易。

数字货币在全球支付方面也有着巨大的潜力。传统国际支付体系，如国际资金清算系统（Society for Worldwide Interbank Financial Telecommunications，SWIFT），存在流程烦琐、费用高昂等问题。数字货币的高效运行将有望打破这些壁垒，促进全球经济的融合和发展。通过数字货币，跨境支付将变得更加快速和便捷，这将大大降低国际贸易的交易成本，提高资金流动效率。为了适应数字货币的运行，需要打造出适应其特性的区域化、全球化收付清算新体系、新机制。这将是一个巨大的挑战，但同时也是一个巨大的机遇。

与传统货币相比，数字货币在监管方面具有明显优势。数字货币的转账行为类似纸币支付，从一个人直接到另一个人，从转账那一刻起货币的物理关系就已发生转移。因此，数字货币不存在兑付的信用风险问题。但在支付宝、微信支付等电子支付过程中，转账只是服务器上对应账户余额的变更，当人们从系统里提款的时候才会发生真实的物理权属关系变化，这样可能存在兑付风险。数字货币的这种特性使得其在监管上更加透明和可控，有助于减少金融欺诈和洗钱等违法行为。

然而，尽管数字货币带来了巨大的机遇，但其风险也不容忽视。

首先是技术风险。目前，区块链技术虽然被一些人炒作得火热，但其还只是几种早已成熟的技术的组合，十分低效。此外，数字货币系统易受攻击，一旦遭遇黑客攻击，可能导致巨大的经济损失。以比特币为例，尽管其区块链被认为是安全的，但历史上仍发生过多次遭遇黑客攻击事件，导致用户资金被盗。因此，数字货币的技术安全仍是一个亟待解决的问题。

数字货币的匿名性也为其带来了犯罪风险。由于数字货币的匿名性，可能存在为洗钱、毒品交易和偷税漏税等提供便利而又无法追踪的情况。这可能使得数字货币成为犯罪分子的潜在工具，同时也相应地增加了执法难度。为了防范这种风险，我们需要加强数字货币的监管，确保其不被用于非法活动。

数字货币的转账行为虽然不存在兑付的信用风险问题，但其本身仍面临信用风险。数字货币的信用仍然来自主权国家的信用，而投资者是否相信主权国家的信用，取决于其国家法治的健全、政治经济的稳定、科学的创新、金融市场的广度和深度以及金融市场的监管水平等。因此，数字货币的发行和监管需要与国家信用体系紧密结合，确保其稳定性和可信度。

数字货币的盗窃风险也较高。由于其去中心化和匿名性，用户的钱存在数字钱包里，而不是存在戒备森严的实体银行里，一旦发生账户被盗，根本无法跟踪和识别账户的归属地，这使得用户的资金安全受到严重威胁。为了保障用户资金安全，我们需要加强数字货币的安全防护措施，如采用多重签名、冷钱包等技术手段。

　　此外，数字货币的投机风险巨大。以比特币为例，其代表的虚拟货币炒作就是一场庞氏骗局，如其价格频频暴涨暴跌，投资者应警惕风险。同时，比特币的市值严重依赖供需关系和收益预期，价格的极度不稳定使其不可能变成普通的投资品。因此，投资者在参与数字货币交易时，必须具备足够的风险意识和风险承受能力。当然，监管部门也应加强对数字货币市场的监管，防止市场操纵和欺诈行为的发生。

　　数字货币的监管风险同样需要关注。数字货币的发行虽然可以提高支付和交易效率，但也可能对现有金融秩序造成冲击。如何平衡数字货币的便捷性与监管需求是一个亟待解决的问题，需要建立一套完善的数字货币监管体系，确保其健康有序发展。同时，监管部门还应加强与国际社会的合作，共同应对数字货币带来的跨国监管挑战。

　　另外，数字货币市场存在信息不对称、市场操纵等问题，投资者应谨慎对待。例如，比特币等虚拟货币的价格波动极大，投资者容易陷入"割韭菜"的陷阱。为了降低市场风险，投资者需要充分了解数字货币市场的运作机制和风险特征，制定合理的投资策略。

　　数字货币的机遇与风险并存，这要求我们在推进其发展的过程中必须保持清醒的头脑。数字货币的发行将带来支付和交易方式的革新，提高经济效率，这是其最大的机遇所在。然而，要实现这一目标，我们还需要克服诸多技术和监管上的挑战。

　　目前，我们亟须加强数字货币的安全防护措施，确保其不被黑客攻击和盗窃。同时，我们还需要提高区块链技术的效率和可扩展性，以满足大规模应用的需求。此外，数字货币的标准化和互操作性也是亟待解决的问题。当前，不同的数字货币之间存在技术差异和兼容性问题，这限制了数字货币广泛应用。因此，我们需要推动数字货币的标准化和互操作性研究，促进其跨平台和跨国界的应用。

数字货币监管体系的建立和完善也迫在眉睫，包括加强数字货币的发行、交易和使用环节的监管，加强与国际社会的合作以共同应对跨国监管挑战。

数字货币还面临着市场接受度和加强用户教育的问题。目前，尽管数字货币在全球范围内得到了广泛关注和研究，但其市场接受度仍然较低。事实上，很多用户对数字货币的了解有限，对其安全性和稳定性存在疑虑。因此，需要加强用户教育，提高用户对数字货币的认知和理解，向用户普及数字货币的知识和应用技巧，消除其疑虑和误解。

此外，数字货币的发展还将对全球经济格局产生深远影响。随着数字货币的广泛应用，跨境支付和国际贸易将变得更加便捷和高效，这将促进全球经济的融合和发展，降低国际贸易的交易成本。然而，数字货币的发展也可能导致国际货币体系的重构。传统国际货币体系以美元为主导，而数字货币的发展可能打破这一格局，推动国际货币体系的多元化发展。这将是一个复杂而漫长的过程，需要各国政府和企业的共同努力。

综上所述，数字货币的发行是货币发展的必然趋势，将带来支付和交易方式的革新，提高经济效率。同时，数字货币也面临着技术、犯罪、信用、投机、监管和市场等风险挑战。因此，在推动数字货币发展的过程中，需要充分考虑这些风险，并采取相应的措施加以防范和应对。

绿色金融的兴起

近年来，随着气候变化的严峻挑战和可持续发展理念的深入人心，绿色金融在全球范围内得到了前所未有的重视。各国政府、国际组织、金融机构以及企业纷纷投身其中，共同探索这一新兴领域，以期在保护环境的同时实现经济的绿色转型。

我们先从绿色金融的视角，回顾一下共享经济领域的某些现象。共享经济，这个让无数人眼前一亮的概念，现在似乎正遭遇众多争议和质疑。一些人认为共享经济是未来的大趋势，能够推动资源的高效利用和社会的可持续发展；而另一些人则指出，当前的共享经济已经异化为租赁经济，背离了其初衷，甚至造成了资源的浪费和环境的破坏。但在我看来，这些争议的背后，正是绿色金融可以发挥作用的重要领域。

共享经济原本强调的是对闲置资源的共享和利用，旨在提高资源的利用效率，减少浪费。然而，在实际操作中，很多所谓的共享经济项目却变成了增量经济，大量投放新的资源，而不是利用现有的闲置资源。这不仅背离了共享经济的初衷,也造成了资源的浪费和环境的压力。

绿色金融,正是可以引导这些项目回归共享经济本质的重要力量。通过绿色金融的支持,我们可以鼓励那些真正利用闲置资源的共享经济项目,推动其实现可持续发展。例如,特斯拉(Tesla,美国电动车及清洁能源行业跨国公司)的碳信用(carbon credit,又称碳权)交易,正是绿色金融的力量体现。特斯拉,这家以生产电动汽车和可再生能源产品而闻名的公司,通过其创新的商业模式,不仅推动了新能源汽车的普及,还积极参与碳信用交易,将环保理念与商业利益紧密结合。特斯拉在美国加州(California,全称加利福尼亚州)等地通过销售碳信用额度,获得了可观的收入,这些收入进一步用于研发和生产更多的绿色产品,形成了良性循环。特斯拉的成功,不仅展示了绿色金融在推动企业可持续发展方面的巨大潜力,也为其他企业提供了宝贵的借鉴。

其实,如果我们将视角放宽,会发现特斯拉的碳信用交易只是绿色金融众多应用中的一个缩影。在全球范围内,绿色金融正在各个领域发挥着重要作用,而这些领域往往与共享经济有着千丝万缕的联系。例如,在绿色债券领域,那些符合绿色金融标准的共享经济项目可以通过发行绿色债券来筹集资金,推动项目的实施和发展。同时,投资者也可以通过购买绿色债券来支持这些项目,履行自己的社会责任并实现环保目标。

绿色金融的兴起,离不开各国政府的政策支持和引导。以欧盟为例，《可持续金融行动计划》的推出就是一项具有里程碑意义的举措。该计划旨在通过建立一个全面、连贯的可持续金融框架，引导资金流向环保、社会和治理（Environmental，Social and Governance，ESG）表现良好的项目和企业。在共享经济领域，这意味着那些真正利用闲置资源、提高资源利用效率的项目和企业，将更容易获得绿色金融的支持。同时，那些造成资源浪费和环境污染的项目，将被绿色金融所排斥。

欧盟还发布了《可持续金融分类法》，对绿色金融工具进行了明确界定，为投资者提供了清晰的指引。这些政策的出台，不仅增强了市场对绿色金融的信心，也推动了绿色金融市场的快速发展。在共享经济领域，这意味着投资者可以更加清晰地识别出哪些项目和企业是符合绿色金融标准的，从而做出更加明智的投资决策。

在全球范围内，绿色债券市场的快速增长是绿色金融兴起的重要标志。据估计，2024年全球绿色债券发行量将超过5000亿美元，这一数字令人振奋。美国、中国和欧盟作为全球经济的重要引擎，已成为绿色债券发行的主要市场。这些国家和组织通过设立绿色金融框架、绿色评级标准和税收优惠政策，积极鼓励绿色债券的发行和投资。中国发布的《绿色债券支持项目目录（2021年版）》和欧盟发布的《可持续金融分类法》就是其中的典范，它们为绿色债券市场的规范化、标准化发展奠定了坚实基础。

金融机构的积极参与也是绿色金融兴起的另一大推动力。银行、保险公司和资产管理公司等金融机构，正逐步将ESG（环境、社会和治理）因素纳入其投资决策中。美国高盛（The Goldman Sachs Group，Inc.）、摩根大通（JP Morgan Chase& Co）等国际大投资银行纷纷承诺将大量资金投向绿色项目，这不仅体现了金融机构的社会责任感，也为其带来了新的业务增长点。在共享经济领域，金融机构可以通过绿色金融来支持那些真正符合可持续发展理念的项目和企业，推动共享经济的健康发展。

随着绿色金融产品的多样化，如绿色贷款、绿色基金、绿色指数等层出不穷，投资者有了更多选择，绿色金融市场的活力进一步增强。在共享经济领域，这些绿色金融产品同样可以发挥重要作用。

新兴市场的崛起也为绿色金融的发展注入了新的动力。印度、巴西等国家在可再生能源领域的投资增长迅猛，成为绿色金融领域的新秀。这些国家通过发展绿色金融，不仅吸引了大量国际资本流入，还推动了国内绿色产业的发展和创新。在共享经济领域，新兴市场同样具有巨大的发展潜力。通过绿色金融的支持，这些国家可以推动共享经济项目的实施和发展，提高资源的利用效率，减少浪费和污染。

展望未来，绿色金融将呈现更加广阔的发展前景。其中，全球绿色金融标准的统一化将是重要趋势之一。目前，绿色金融标准存在区域化和多样化的问题，这增加了投资者的跨境操作成本，也影响了资金的流动性。在未来，国际机构如国际资本市场协会（International Capital Market Association，ICMA）和联合国将推动全球绿色金融标准的统一，降低投资者的操作成本，提高资金的流动性，从而推动绿色金融市场的全球化发展。

在共享经济领域，绿色金融标准的统一化同样具有重要意义。这将使投资者可以更加清晰地识别出哪些项目和企业是完全符合绿色金融标准的，促进不同国家和地区之间的共享经济项目的交流和合作，推动共享经济的全球化发展。

科技驱动绿色金融发展将是另一大亮点。例如，区块链、大数据和人工智能等新兴技术将为绿色金融带来更多创新。其中，区块链技术可以追踪资金流向，确保绿色债券或贷款的资金真正用于环保项目，提高绿色金融的透明度和可信度。在共享经济领域，这意味着我们可以更加清晰地了解绿色金融资金的使用情况，确保资金真正用于支持那些符合可持续发展理念的项目和企业。

大数据技术则可以帮助金融机构更好地评估绿色项目的风险和收益，优化投资决策。在共享经济领域，这意味着金融机构可以更加准确地判断哪些项目和企业是具有潜力的，从而提供更加精准和有效的绿色金融支持。

人工智能则可以通过智能合约等方式降低交易成本，提高绿色金融的效率。在共享经济领域，这意味着我们可以更加高效地实现绿色金融资金的流转和使用，推动共享经济项目的快速发展。

碳市场与绿色金融的融合也将成为未来发展的重要方向。随着碳交易市场的逐步成熟，绿色金融产品有望与碳市场深度融合。基于碳信用的金融衍生品将为投资者提供更多参与低碳经济的渠道，推动绿色金融与碳市场的协同发展。在共享经济领域，这意味着我们可以将共享经济项目的碳排放量作为重要的考量因素之一，通过绿色金融来支持那些碳排放量较低的项目和企业，推动共享经济向更加低碳和环保的方向发展。

投资者对绿色金融需求的进一步提升，将推动绿色金融市场的持续繁荣。因此，越来越多的个人和机构投资者将绿色金融视为既能获取回报，又能承担社会责任的投资方式。ESG主题基金和绿色ETF的规模将持续扩大，为绿色金融市场注入更多活力。在共享经济领域，这意味着我们可以吸引更多的投资者参与绿色金融，共同支持那些符合可持续发展理念的项目和企业。

新兴市场将成为绿色金融的重要增长极。随着亚洲、非洲和拉美国家经济的快速发展，这些地区对绿色金融的需求将显著上升。这不仅是应对气候变化的必要手段，也是实现经济增长方式转型的重要抓手。在共享经济领域，新兴市场国家同样具有巨大的发展潜力。通过绿色金融的支持，这些国家可以推动共享经济项目的实施和发展，实现经济与环境的双赢。

当然，我们也清醒地看到，绿色金融的发展也面临着一些挑战和风险。气候变化带来的物理风险和转型风险是绿色金融必须面对的重要问题。各国需要进一步加强对绿色金融相关风险的监测和管理，以确保金融系统的稳定性。在共享经济领域，这意味着我们需要更加关注那些可能受到气候变化影响的项目和企业，通过绿色金融来支持其转型和升级，降低风险和损失。

公众意识的提升和企业责任的强化也是绿色金融发展的关键。

消费者与投资者对绿色产品和服务的偏好将对企业产生更大影响，促使企业主动履行环境责任，推动绿色金融的普及和发展。在共享经济领域，这意味着我们需要加强宣传和教育，提高公众对绿色金融和共享经济的认知度和接受度，同时也需要鼓励企业积极履行环境责任，推动共享经济项目的可持续发展。

绿色金融的兴起不仅为金融行业带来了新的发展机遇，更为全球可持续发展目标的实现提供了有力支持。绿色金融的兴起，为我们提供了一个将金融力量与环保理念相结合的契机，通过引导资金流向绿色产业和共享经济领域，推动经济与环境的良性循环。这不仅有助于解决环境问题，还能促进经济增长和社会进步。

共享经济作为推动资源高效利用和可持续发展的重要方式之一，与绿色金融有着密切的联系和互动。通过绿色金融的支持和引导，我们可以推动共享经济项目的可持续发展和创新升级，同时也可以借助共享经济的力量来推动绿色金融的普及和发展，二者相辅相成、相互促进，共同为实现全球可持续发展目标贡献力量。

在这个过程中，我们需要加强政策引导和支持，推动绿色金融标准的统一化和国际化，同时也需要加强科技创新和人才培养，为绿色金融和共享经济的发展提供更加强有力的支撑和保障。这样，我们才能共同应对气候变化和环境污染等全球性挑战，实现经济、社会和环境的协调发展。

总之，绿色金融的兴起是金融行业应对气候变化和推动可持续发展的重要举措。在全球范围内的高度重视和政策支持下，绿色金融正逐步成为金融市场的重要组成部分。

在未来，随着绿色金融标准的统一化、科技驱动的创新发展、碳市场与绿色金融的融合，以及投资者需求的进一步提升，绿色金融将迎来更加广阔的发展前景。同时，新兴市场将成为绿色金融的重要增长极，为全球应对气候变化和实现经济增长方式转型提供新的动力。

AI科技在投资理财中的应用展望

在投资领域，科技的飞速发展正逐步重塑传统的投资方式和理念，其中人工智能（AI）技术的崛起尤为引人注目。因此，我对AI科技在投资理财中的应用前景持积极态度。AI不仅能够提供全面的数据分析和可能相对精准的市场预测，还能为投资者量身定制个性化的投资建议，助力投资者更有效地管理风险、捕捉投资机会，实现财富的稳健增长。

AI技术的出现，无疑为投资理财带来了前所未有的机遇。在《投资的方法：来自华尔街的金融投资课》（浙江大学出版社，2022年版）一书中，笔者强调了投资需基于深入分析和理性判断的重要性，这一理念与AI科技在投资理财中的应用不谋而合。AI通过大数据分析和机器学习技术，能够挖掘出海量市场数据背后的规律和趋势，为投资者提供更为精准和全面的市场预测与分析，从而帮助他们做出更加明智的投资决策。

在分析问题时，我们必须从底层逻辑出发。从2018年开始，许多因素促成了新的时代，美联储的货币政策变化、中国制造业的调整等，都是新时代开启的重要标志。

在探讨AI科技在投资理财中的应用时，我们同样需要从底层逻辑出发。AI领域的发展可以分为三个阶段：在ChatGPT之前，是AI阶段，主要完成一些人类的特定任务；在ChatGPT爆火之后，进入了通用人工智能（AGI）阶段，AI开始具备人类的普遍思维能力；现在，正处于超级智能（ASI）的展望阶段，AI将在任何任务、任何领域、任何专业上远超人类能力。

OpenAI发布的o1推理模型，展示了AI在思考方面的强大能力。这种技术的突破将对投资理财产生深远影响。通过AI的智能分析，投资者可以更加精准地把握市场趋势，制定更为科学的投资策略。同时，摩尔定律（Moore's Law）表明集成电路上的晶体管数量每一两年左右翻一番，计算能力大约每一两年翻一番。例如，黄仁勋（英伟达［NVIDIA］创始人兼首席执行官）提到的GPU（Graphics Processing Unit，图像处理单元）算力（Computational Power）增速每年增长四倍，意味着在十年内其增长幅度将达到约100多万倍。这种算力的突破将极大加速AI在投资理财领域的应用。

从技术角度来看，人工智能和机器学习将使未来AI模型变得更加复杂、智能和高效，能够处理海量数据、进行实时分析和决策。自动化与机器人领域，更强大的算力将使自动化系统更加智能和自主,推动无人驾驶、智能制造等领域的发展。在量子计算与新材料发现方面,更强的算力能够模拟复杂的量子系统,推动量子计算机和新材料的开发。这些技术进步都将对投资理财产生积极影响。

AI在投资理财中的首要应用便是提供精准的市场预测。在投资过程中,市场预测的准确性至关重要。传统市场预测往往依赖于分析师的经验和直觉,易受主观因素影响。AI技术则能利用大数据分析和机器学习等手段,对海量市场数据进行深度挖掘和分析,揭示数据背后的规律和趋势。这种基于数据的预测方式更为客观和准确,为投资者提供了更为可靠的决策依据。在访谈《对话金融学者陈思进——资本市场有望迎来结构性调整》中,笔者明确指出了AI科技在投资理财中的广阔应用前景。AI能够综合分析历史股价数据、市场情绪、政策变化等多种因素,预测未来市场走势,帮助投资者提前布局,把握投资机会,规避潜在风险。

以股市为例,AI技术能够通过对历史股价数据、成交量、市场情绪等多维度信息的综合分析,预测股票价格的未来走势。例如,在2019年,某AI系统成功预测了科技股板块的一波上涨行情,为投资者提供了宝贵的投资机会。此外,在债券市场,AI技术也能通过分析宏观经济数据、货币政策等因素,预测债券市场的利率走势,为投资者提供债券投资的参考依据。

当然,尽管AI行业在经历了一段狂热期后出现了一定的泡沫破裂现象,但其长期发展潜力依然巨大。特别是在投资理财领域,AI技术的应用将愈加广泛和深入,为投资者提供更多元化的投资选择和服务。

　　AI还能为投资者提供个性化的投资建议。传统投资建议往往基于通用的投资原则和策略，难以满足投资者的个性化需求。AI技术则能通过对投资者的风险偏好、投资目标、财务状况等因素进行深入分析，为他们量身定制符合其需求的投资建议。这种个性化的投资建议能更好地满足投资者需求，提升他们的投资满意度和回报率。在AI科技日益发展的今天，投资需要长期学习和积累。因此，投资者需要不断学习新知识、掌握新技能，以适应市场变化并抓住投资机会。AI技术正可为投资者提供个性化的学习路径和投资建议，助力他们提升投资能力。

　　在不确定的时代背景下，投资者需要更加关注市场变化和风险管理。AI科技通过大数据分析和机器学习等技术手段，能为投资者提供及时、准确的市场信息和风险预警，帮助他们更好地管理风险并抓住投资机会。同时，AI还能根据投资者的风险偏好和投资目标，为他们提供个性化的资产配置建议，助力他们实现财富增值。

　　智能投顾（Robo-Advisor，全称智能投资顾问）作为AI技术在投资理财领域的一项重要应用，正逐渐受到投资者青睐。智能投顾能根据投资者的风险偏好和投资目标等因素，为他们提供个性化的投资组合建议和优化方案。这种服务不仅能帮助投资者降低投资风险、提高投资回报，还能提升他们的投资体验和满意度。AI技术将深刻改变人类社会的方方面面，包括投资理财领域。智能投顾便是AI技术在投资理财领域的一个生动体现。

随着技术的不断进步，智能投顾的应用将越发广泛，不仅降低了投资者的投资门槛和成本，还提高了他们的投资效率和体验，将成为未来投资理财领域的重要组成部分。

从金融角度来看，资本市场的技术革命正由GPU算力的突破所推动，与高性能计算相关的行业迅速发展。科技股与创新型企业，如英伟达、超威半导体（AMD）、英特尔（Intel）等，将成为资本市场的核心增长动力。在金融分析和算法交易方面，强大的算力将提升量化交易和算法交易的精度和速度，使得AI在投资理财中的应用更加广泛和深入。

然而，在投资理财过程中，风险管理和合规监管同样不可或缺。传统风险管理和合规监管方式往往依赖于人工审核和监控，效率低下且易出错。AI技术则能通过实时监测和分析市场数据，及时发现潜在风险点，并提醒投资者采取相应措施。同时，AI技术还能用于合规监管领域，帮助金融机构更好地遵守法规规定，降低违规风险。笔者多次强调风险管理的重要性，认为投资者在进行投资决策时必须充分考虑风险因素并采取相应风险管理措施，而AI技术正可为投资者提供有效的风险管理工具和服务。这种及时的风险预警服务能帮助投资者更好地管理风险，并避免潜在损失。

基于AI技术的风险管理工具，能够实时监测和分析市场数据，及时发现潜在风险点并提醒投资者采取相应措施。例如，当某只股票或基金的波动率达到一定阈值时，基于AI技术的风险管理工具能够自动发出风险预警，提醒投资者注意风险并采取相应的风险管理措施。这种智能化的风险管理工具不仅提高了投资者的风险管理效率和能力，还降低了投资风险和损失。

此外，AI技术还能在合规监管领域发挥重要作用。通过对市场数据的实时监测和分析，AI能及时发现潜在违规行为并提醒相关部门进行处理。这种合规监管方式不仅能提高监管效率，还能降低监管成本，为金融市场的健康稳定发展提供有力保障。

例如，在某证券公司的合规监管中，AI技术被应用于实时监测和分析交易数据，及时发现潜在违规行为并提醒相关部门进行处理。这种智能化的合规监管方式不仅提高了监管效率和准确性，还降低了监管成本和风险。同时，AI技术还能够对投资者的交易行为进行持续跟踪和分析，及时发现异常交易行为并采取相应的监管措施，从而维护金融市场的公平、公正和透明。

当然，AI技术在投资理财中的应用也面临着一些挑战和机遇。首先，AI技术的准确性和可靠性可能受数据质量、算法模型等因素影响。因此，投资者在使用AI服务时需保持理性和谨慎态度，避免盲目跟风和过度依赖AI技术。其次，随着AI技术的不断发展，投资者还需要不断学习和掌握新知识、新技能以适应市场变化和挑战。然而，正是这些挑战为AI科技在投资理财中的应用带来了更多机遇。一方面，投资者可通过不断学习和实践提高对AI技术的理解和应用能力，从而更好地利用AI技术进行投资理财；另一方面金融机构和科技公司可加强合作与创新共同推动AI技术在投资理财领域的应用和发展。通过不断优化算法模型、提高数据质量等方式，可进一步提升AI技术在投资理财中的准确性和可靠性，从而为投资者提供更加优质的服务和体验。

随着技术的不断发展和应用的深入，AI将为投资者提供更加精准、全面和个性化的投资理财服务。然而，投资者在使用AI服务时也需保持理性和谨慎态度，以应对可能存在的风险和挑战。在AI科技的助力下，投资理财领域将迎来更加广阔的发展前景和更加多元化的投资选择。

工具与资源：

应用：雪球、蚂蚁财富、Investopedia（金融知识学习应用）、Coinbase（数字货币交易平台）、Betterment（智能投顾平台）

书籍：《看懂金融的第一本书》《穷查理宝典》《智能时代》《金融工程原理》

网站：Investopedia（投资教育网站）、东方财富网、CoinDesk（数字货币新闻网站）

学习平台：Coursera金融课程、慕课网、网易云课堂

第二章

金融视角下的职业导航

当前就业市场的金融趋势

随着AI、大数据等技术的不断发展，金融行业的就业市场正经历着深刻的变化。在AI、金融科技等领域，高技能人才的需求不断增加，而传统金融岗位则面临着一定的挑战，未来具备跨学科知识和技术创新能力的金融人才将更受欢迎。

实际上，全球化和技术变革，这两股不可阻挡的力量相互交织、彼此推动，不仅重塑了传统金融行业的面貌，更催生了无数新兴职业，使得金融行业的招聘趋势和技能需求发生了翻天覆地的变化。这里，笔者想从自己的经历和视角出发，与大家深入探讨当前就业市场的金融趋势。

记得笔者刚踏入金融行业的20世纪90年代初，金融市场还相对封闭，国际业务虽然有，但规模与今日相比，那真是不可同日而语。那时，我们谈论的"国际化"，更多还停留在概念层面，是一种遥远的憧憬，是一种对未来的美好愿景。然而，随着全球化的不断深入，跨国企业和资本市场的互联互通已成为常态，仿佛一夜之间，世界就变得小了，金融市场的边界也被无限拓宽。

笔者曾目睹了金融行业内对于具备国际视野和多语言能力的人才需求是如何激增的，那些能够流利切换多种语言、深刻理解不同文化背景与商业习惯的金融从业者就像一座座桥梁，横跨在世界各地的金融市场之间，为企业的国际化战略铺路搭桥，提供坚实的支撑。他们不仅传递信息，更传递信任与合作，成为金融市场上不可或缺的力量。

离岸金融服务中心的兴起，更是将这场全球金融人才的争夺战推向了高潮。这些中心往往设立在税收优惠、监管灵活的地区，如同磁石一般吸引了大量金融机构和高端金融人才纷至沓来。笔者曾有幸参与过一次离岸金融中心的招商活动，深切感受到了那里对金融人才的渴求。他们都在寻找着最优秀的人才，那种对人才的渴求和对创新的追求，让我深刻地感受到全球化给金融行业带来的无限可能。

然而，全球化只是当前就业市场金融趋势的冰山一角，技术变革的浪潮同样势不可当。近年来，人工智能、大数据、区块链技术并驾齐驱，快速融入金融行业，它们不仅改变了金融行业的运作模式，更是催生了量化分析师、数据科学家等一系列新型岗位。这些岗位不仅需要从业者具备深厚的金融知识，还要求他们精通编程、数据分析等跨学科技能，成为复合型人才。

笔者曾与一位量化分析师深入交流过，他利用复杂的数学模型和算法，对海量市场数据进行深度挖掘，为投资决策提供了精准的数据支持，可见技术已经成为金融行业不可或缺的一部分。掌握技术技能，对于金融从业者来说已经是必不可少的"硬核"要求，是提升竞争力的关键所在。

技术变革的浪潮，不仅催生了新型岗位，更对传统岗位产生了深远影响。如今，无论是金融分析师还是交易员，都需要掌握编程和数据分析等技能，以便更好地利用技术手段进行市场分析和决策。这种技能需求的升级，使得金融行业的从业者必须不断学习新知识、新技能以适应市场的变化，否则就会面临被市场淘汰的风险。

说到行业结构与岗位需求的变化，金融科技岗位的激增，无疑是一个不可忽视的现象，也是金融行业变革的重要体现。随着金融科技公司和传统银行之间的竞争日益加剧，尤其是在支付、贷款、财富管理等领域，金融科技岗位的需求快速上升。产品经理、风险模型分析师等岗位成了香饽饽，他们不仅需要具备金融专业知识，还需要有创新思维和敏锐的市场洞察力，成为连接金融与科技的重要桥梁。

此外，灵活用工模式的兴起，也悄然改变了传统的雇用模式，为金融行业带来了新的变革。远程办公、自由职业者，这些曾经被视为"非主流"的工作方式，如今却成了金融行业的新常态，成了许多从业者追求的生活方式。金融机构开始通过项目制招募专业人才，这种用工模式不仅提高了工作效率，还降低了运营成本，为金融机构和从业者带来了双赢的局面。

值得一提的是，随着ESG（环境、社会和公司治理）投资的日益普及，绿色金融分析师和可持续发展顾问等可持续金融相关职业，也成了热门选择和金融行业的新宠儿。这些岗位不仅要求从业者具备金融专业知识，还需要对环保、社会责任和公司治理等领域有深入了解，并成为连接金融与可持续发展的桥梁。

那么，面对如此多变、如此充满挑战的就业市场，金融从业者该如何应对呢？在笔者看来，持续学习与职业规划是两大关键，是我们在变革中立足的基石。在这个知识爆炸的时代，只有不断学习新知识、新技能，才能保持竞争力，不被时代所淘汰。我们要勇于投资于个人教育和技能提升，如参与在线课程、考取行业资格认证书（如CFA［Chartered Financial Analyst，特许金融分析师］、FRM［Financial Risk Manager，金融风险管理师］等），这些都是提升自我价值、夯实职业基础的有效途径，也是个人不断进步的阶梯。

同时，制定长期职业规划也至关重要。明确自己的短期和长期目标，有助于更好地把握职业机会，实现个人价值的最大化。职业规划就像一盏明灯，指引着个人职业前进的方向，始终保持清晰的目标和坚定的信念。

除了持续学习与职业规划，关注市场趋势与新兴领域也是必不可少的。金融行业是一个快速变化的行业，只有紧跟市场趋势，深入了解新兴领域的发展，才能抓住新的职业机会，站在时代的风口浪尖。我们要主动去了解新兴行业动态和技术发展，如区块链应用、数字资产管理等前沿领域。这些新兴领域不仅蕴含着巨大的商业潜力，也为金融从业者提供了广阔的职业发展空间，是我们拓展职业领域、提升职业竞争力的重要方向。

当然，通过网络社交平台（如领英［LinkedIn］）扩展职业人脉，也是获取更多机会的有效途径。在这个信息化、网络化的时代，人脉就是资源，就是机会。例如，笔者就经常通过领英与同行交流心得、分享经验，这不仅让我收获了不少宝贵的职业机会，也让我结识了许多志同道合的朋友，共同探讨金融行业的未来，共同追求职业的梦想。

最后，提升抗风险能力，也是应对就业市场变化的重要策略。在这个充满不确定性的时代，增强财务管理能力和多元化收入来源是应对市场波动的有效方法。例如，笔者就通过多元化投资来降低风险，同时也不断提升相应的财务管理能力，以确保在市场波动时能够保持稳健，不受市场波动的影响。

此外，保持积极的心态和乐观的态度也是非常重要的。面对挑战和困难时，我们要保持冷静和理性，相信自己有能力克服困难，迎接新的挑战。积极的心态就像一股无形的力量，能帮助我们更好地应对挑战，也能让我们在逆境中看到希望，找到前进的动力。

身处这个变革时代，既是一种幸运，也是一种挑战。变革，意味着机遇，意味着可能，也意味着我们需要不断地适应和进步。我们要紧跟时代步伐，不断学习新知识、新技能，提升自己的竞争力；要关注市场趋势，深入了解新兴领域的发展；要保持积极的心态和乐观的态度，才能在快速变化的时代中实现个人价值的最大化，创造属于自己的辉煌未来。

金融行业职业路径规划

金融行业，这个外表光鲜亮丽却暗流涌动的领域，对从业者的综合素质提出了极高的要求。它不仅要求我们掌握扎实的金融理论知识，具备敏锐的市场洞察力，还要求我们在复杂多变的市场环境中保持冷静与理性，做出明智的决策。对于初涉金融领域的新手而言，面对如此多的选择与诱惑，很容易感到迷茫与困惑，不知该从何开始，如何规划自己的职业生涯。因此，一个清晰、可行的职业路径规划就显得尤为重要。

在职业生涯中，笔者见证了太多因缺乏明确的职业规划而错失良机甚至陷入职业困境的案例。这些案例让笔者深刻认识到，职业规划不仅关乎我们当前的职业发展，更影响着我们的长期职业前景和人生轨迹。一个合理的职业规划，能够帮助我们明确目标、聚焦方向，避免在职业生涯中走弯路、浪费时间，确保我们的每一步都朝着既定的目标迈进。

那么，如何制定一个既符合个人特点、又能适应市场变化的金融行业职业路径规划呢？首先，我们要坚持长期投资与职业稳定性的原则。长期投资的重要性，同样也适用于职业规划。我们不仅要避免盲目追求短期利益，而且要将自己的职业发展与行业的长期趋势相结合，选择那些具有发展潜力、符合自己兴趣与能力的职业方向。随着全球经济的不断发展和科技的日新月异，金融行业也在不断地变革与创新，我们要紧跟时代的步伐，关注新兴行业的发展趋势，如金融科技、绿色金融、可持续投资等，将这些领域与自己的职业规划相结合，找到属于自己的发展道路。

其次，加强专业知识与技能的学习是职业规划中不可或缺的一环。金融行业是一个高度专业化的领域，它要求我们必须具备深厚的金融理论基础和精湛的专业技能。我们鼓励大家积极实践，将所学知识应用于实际工作中，通过实践来检验和提升自己的能力。"实践是检验真理的唯一标准"，只有通过实践，我们才能真正掌握知识的精髓，提升自己的竞争力。

再次，关注行业趋势与政策动态也是职业规划中至关重要的一点。金融行业的政策环境、市场趋势以及国际形势的变化都会对我们的职业发展产生深远的影响，因此我们需要建立一个高效的信息收集与分析系统，及时获取最新的行业信息和政策动态。通过对这些信息的深入分析和解读，我们可以更好地理解市场的运行规律，把握行业的发展趋势，为自己的职业规划提供有力的支撑。同时，我们也要学会从政策变化中嗅到机遇，及时调整自己的职业规划，以适应市场的变化和挑战。

最后，在职业规划的过程中，我们还需要结合自己的兴趣与优势，选择适合自己的职业方向。兴趣是最好的老师，也是推动我们不断前进的动力源泉。当我们对某个领域充满热情时，我们就会更愿意投入时间和精力去学习和探索。同时，我们也要认识到自己的优势所在，找到自己的长处并将其发挥到极致。在选择职业方向时，我们要综合考虑市场的需求、未来的发展趋势以及自己的兴趣和能力，找到一个既符合自己特点又能适应市场需求的职业方向。这样，我们才能在职业道路上走得更远、更稳。

除了以上几点，我们还需要在职业规划中注重个人品牌的塑造和人际关系的建立。在金融行业这个竞争激烈的领域中，个人品牌是我们的无形资产，它能够帮助我们在市场中脱颖而出，赢得更多的机会和资源。因此，我们要注重自己的形象塑造和口碑建设，通过优质的服务和专业的表现来树立自己的品牌形象。同时，我们也要积极拓展人际关系网络，与同行、客户以及合作伙伴建立良好的关系，为自己的职业发展搭建更广阔的平台。在金融行业，人脉就是财富，良好的人际关系能够为我们带来更多的机遇和合作机会。

此外，我们还需要保持持续的学习和创新精神。金融行业是一个快速发展的领域，新技术、新产品、新理念层出不穷。AI正在改变着金融行业的方方面面，从智能投顾到风险评估，从市场预测到客户服务，AI都在发挥着越来越重要的作用。这迫使我们要保持对新知识的好奇心和求知欲，不断学习新的金融理论、投资技巧和市场分析方法，以提升自己的专业素养和竞争力。同时，我们也要敢于创新，勇于尝试新的投资方式和业务模式，以适应市场的变化和挑战。

回顾笔者的职业生涯，从一名普通的金融从业者到成为华尔街风险管理资深顾问和金融专家，这一路走来经历了无数的挑战与考验，但也正是这些经历让笔者更加深刻理解职业规划的重要性。在职业规划中，笔者始终坚持长期投资的理念，将自己的职业发展与行业的发展趋势相结合：通过不断学习新的金融知识与投资技能，提升自己的专业素养和判断力；密切关注行业的动态和政策的变化，以便及时调整自己的投资策略和职业规划。正是这样的职业规划与努力付出，让笔者在金融市场中找到了属于自己的位置，也为我带来了丰硕的成果。

在金融行业的广阔天地里，每一条职业路径都是独一无二的。但无论你选择哪条路，规划是前提，努力是关键。在职业道路上，只有明确了方向，才能走得更远；只有付出了努力，才能收获成功。

金融技能的提升

在金融市场里，金融技能对于投资者而言，不仅是生存的必备技能，更是通往成功与财富自由的关键。

在金融市场这片信息的海洋中，财经新闻无疑是最为直接且重要的信息来源之一。财经新闻中的关键数据，包括GDP（Gross Domestic Product，国内生产总值）增长率、失业率、通胀率等宏观经济指标，以及企业财报中的盈利、营收、成本等微观数据。这些数据背后，隐藏着市场走势的密码，是投资者做出决策的重要依据。实际上，提升金融技能的第一步，就是要学会从纷繁复杂的财经新闻中筛选出有价值的信息，并结合自己的投资目标和风险承受能力，做出理性的判断。例如，有一次，市场普遍对某国的经济前景持悲观态度，但笔者在仔细分析了该国的政策走向、国际环境以及企业基本面后，发现其中蕴藏着巨大的投资机会。于是，笔者建议投资者关注那些被市场低估的板块，并给出了具体的投资策略。后来，市场果然在那些板块迎来了大幅反弹，为投资者带来了丰厚的回报。

然而，金融技能的提升并不止于此。我们应进一步深入剖析金融市场的运作机制，运用金融工具进行资产配置，以应对市场的风险与机遇。金融工具，如股票、债券、基金、期货等，是投资者手中的武器，但使用不当也可能伤及自身。因此，提升金融技能必须掌握金融工具的正确使用方法，并根据自身的风险承受能力和投资目标，制定合理的资产配置方案。同时，投资者不要盲目追求高收益，而要在风险与收益之间找到平衡点。

由此可见，在未来日新月异的金融市场中，投资者掌握一些先进的金融技能有助于提升竞争力，而数据分析、财务建模以及编程语言（如Python）等无疑是关键。数据分析能够从海量信息中挖掘出有价值的数据，进行精准分析，是每位投资者必备的能力；财务建模则通过建立财务模型，对企业的财务状况进行预测和评估，这对于判断企业的投资价值和风险至关重要；掌握编程语言如Python，提升数据处理的效率和准确性，成为现代金融从业者不可或缺的工具。掌握这些技能，将使我们能够在金融市场中更具竞争力。

因此，对于想要提升这些技能的投资者，笔者建议投资者可以根据自身的需求和时间安排，选择适合自己的学习方式。例如，对于想要系统学习金融知识的人，可以考虑参加一些在线课程，如Coursera（世界上最大的在线学习平台）或edX（哈佛大学和麻省理工学院联合创建的免费在线课程项目）上的相关课程，它们提供了系统的学习路径和丰富的实践案例。对于财务建模，推荐阅读一些专业的书籍，并结合实际案例进行练习。至于编程语言如Python，推荐加入一些编程社区如GitHub，通过参与开源项目来提升自己的编程能力。此外，还可以考虑参加一些权威的证书考试，如CFA（特许金融分析师）或FRM（金融风险管理师），这些证书不仅是对专业能力的认可，也是进入金融行业的重要敲门砖。

除了资产配置，投资策略也是提升金融技能不可或缺的一环。投资策略包括价值投资、趋势投资、成长投资等，这些策略在不同市场环境下的应用效果是不同的。价值投资强调寻找被市场低估的优质资产，通过长期持有获得超额收益；趋势投资则要求投资者顺应市场的力量，捕捉市场趋势的变化；成长投资则关注企业的成长潜力和行业前景，寻找那些能够持续增长的企业。这些策略不仅是笔者多年投资经验的总结，也是在市场中获胜的法宝，因此投资者可以根据自己的投资风格和风险承受能力，选择适合自己的投资策略，并在实践中不断优化和完善。

在长期的投资实践中，我们深刻体会到了长期投资对于提升金融技能的重要性。长期投资不仅是一种投资策略，更是一种投资哲学。它要求投资者具备远见卓识和耐心，能够抵御市场的短期诱惑和波动，坚持自己的投资理念和原则。因此，长期投资的核心在于关注企业的基本面，如盈利能力、行业地位、管理团队、创新能力等。这些因素是决定企业长期价值的关键所在。通过长期投资，投资者不仅可以获得稳定的回报，还可以培养自己的耐心和毅力，逐步成长为更加成熟、理性的投资者。同时，长期投资也有助于投资者形成稳定的投资心态，避免因为短期情绪而做出冲动的投资决策。

然而，金融市场是一个充满不确定性的世界。为了应对这种不确定性，我们可以将量子思维（David Bohm）运用到金融市场中。量子思维强调接受和应对市场的不确定性，通过多元化投资、分散风险等方式来降低投资风险。这种思维方式要求投资者保持开放的心态和灵活的策略，能够随时根据市场变化调整自己的投资组合。因此，投资者不要将所有的鸡蛋放在一个篮子里，而是要通过投资不同行业、不同地域、不同资产类别的资产来分散风险。同时，投资者要关注市场的动态变化，及时调整自己的投资策略和资产配置方案。通过量子思维的培养和实践，投资者可以更加从容地面对市场的波动和意外情况，以做出正确的投资决策。

近年来，随着全球对可持续发展和社会责任的关注日益增强，ESG（环境、社会和治理）标准已成为全球投资的重要趋势。ESG标准不仅关乎企业的可持续发展和社会责任，同时也为投资者提供了新的投资视角和评估依据。在投资决策中融入ESG标准，可以帮助投资者更好地识别企业的长期价值和潜在风险。那些符合ESG标准的企业往往具备更强的社会责任感和更好的治理结构，这些因素都有助于提升企业的长期竞争力和盈利能力。因此，投资者应该关注ESG标准，将其作为投资决策的重要参考因素之一。

金融技能的提升并非一蹴而就，它需要时间的沉淀、经验的积累以及持续的学习和实践，并能够保持对金融市场的敬畏之心，从而理性投资、稳健前行。

创业的金融策略

在创业过程中，金融策略的制定至关重要。特别是在AI时代，创业者需要充分利用金融科技手段，降低融资成本，提高资金使用效率。同时，创业者还需要关注数字货币、区块链等新技术在创业融资和支付结算中的应用。

创业的首要任务，便是如何筹到一笔至关重要的启动资金。这笔资金不仅关乎企业的起步速度，在某种程度上更决定了企业未来的发展方向和规模。说起启动资金，首先想到的就是自有资金。利用个人储蓄、家人和朋友的支持，是最为稳妥的方式。这种基于"亲情＋友情"的资金组合，虽然可能因资金量有限而限制企业的初期规模，但它所带来的稳定性与可靠性却是无可比拟的。创业初期充满了诸多不确定性，能有这样一份"保底"的资金支持，对于创业者来说无疑就像拥有了安全的保障，为我们提供了更多的试错空间和信心。

　　然而，自有资金往往难以满足企业长远发展的需求。随着企业的逐渐壮大和业务的逐渐拓展，对资金的需求也会日益增长。于是，外部融资便自然而然地成了创业者寻求资金支持的另一重要途径。在寻求外部融资的过程中，商业计划书占据着重要的地位。商业计划书就像企业的一张"名片"，而一份清晰、详尽、富有说服力的商业计划书能够向投资方全方位展示企业的市场潜力、盈利模式以及财务可行性。商业计划书不仅需要阐述你的创业想法，更要让投资人看到你的决心、你的团队、你的市场洞察力，以及你对未来的规划。投资者需要凭借这样一份精心准备的计划书，吸引天使投资人（Business Angel）的关注，为初创企业注入宝贵的"第一桶金"。

　　当然，天使投资（权益资本投资的一种形式，拥有净财富的个人或者机构都可以参与，主要是对具有潜力的初创公司的一种早期直接投资）只是外部融资的一种形式。随着企业的不断发展，风险投资、银行贷款等融资方式也逐渐成为更好的选择。在选择融资方式时，创业者应始终坚持"适合的才是最好的"原则。不同的融资方式具有不同的特点与要求，有的注重企业的成长性，有的看重企业的盈利能力，有的则更关注企业的资产状况。我们需要根据企业的实际情况和需求，权衡各种利弊，做出最为明智科学的决策。例如，风险投资往往更青睐于那些具有高成长潜力的企业，而银行贷款则更看重企业的还款能力和资产抵押情况。因此，在选择融资方式时，我们一定要对自己的企业有一个清晰的认识，明确自己的需求和目标，这样才能找到最适合自己的融资方式。

　　除了传统融资方式，众筹和补助也为创业者提供了新的资金来源。众筹平台让创业者能够直接面向公众筹集资金，这种方式不仅降低了融资门槛，还能够在一定程度上提升企业的知名度和影响力。通过众筹，可以让更多的人了解到自己的项目，甚至吸引到一些志同道合的支持者，他们不仅能提供资金上的支持，还可能成为我们产品的忠实用户或推广者。政府补助和扶持资金，则是创业者不可忽视的"政策红利"。政府为了鼓励创新、创业，往往会推出一系列的补助和扶持政策，这些资金对于初创企业来说无疑是一笔宝贵的财富。因此，通过积极申请这些补助和扶持资金，可以为企业争取到更多的发展机会和资金支持。

　　筹集到资金只是创业的第一步，如何管理好这些资金，确保它们能够被高效利用，才是创业者面临的更大挑战。在财务管理方面，预算与现金流至关重要，尤其是创业初期资金相对紧张，每一分钱都要用在刀刃上。因此，必须坚持制定详细的预算规划，将每一笔支出都纳入计划之中，确保资金的使用既合理又高效。同时，创业者还需密切关注现金流的收支平衡，确保企业能够及时偿还债务、支付运营成本，避免资金链断裂的风险。现金流就像企业的血液，只有保持血液的畅通，企业才能健康地发展。

　　财务报表分析，也是财务管理中不可或缺的一环。创业者需要定期查看企业的利润表、资产负债表和现金流量表，通过这些报表可以清晰地了解企业的经营状况、盈利能力和现金流状况。这些数据就像一面镜子，能够真实地反映出企业的运营情况，而只有深入了解企业的财务状况，才能做出更为适合的决策。因此，创业者应坚持每月召开财务会议，与财务人员一起分析报表，找出问题所在，及时调整经营策略，确保企业始终保持在正确的轨道上运行。

在成本控制方面，"精打细算，开源节流"是原则。创业初期，由于资金相对紧张，每一分钱更要精打细算。创业者可以通过优化生产流程、降低采购成本、提高员工效率等方式，有效控制企业的成本支出。同时，注重培养员工的成本意识，让每一位员工都成为企业成本控制的参与者与受益者，因为成本控制不仅仅是财务部门的事情，而是需要全体员工共同努力的结果，只有大家都树立起成本意识，才能在日常工作中自觉地节约成本，为企业的长远发展贡献力量。

然而，创业之路并非一帆风顺，在追求梦想的过程中难免会遇到各种风险和挑战。因此，风险管理成了创业者必须具备的能力之一。市场风险分析讲究"未雨绸缪"，我们需要通过深入的市场调查和竞争分析，及时发现市场趋势的变化和竞争对手的动态，从而制定相应的应对方案。这样，即使市场发生突变，我们也能够迅速调整策略，保持企业的竞争力。例如，在面对突如其来的市场变化时，需要及时调整产品策略或营销策略，以适应市场的需求变化，确保企业始终能够抢占市场的先机。

财务风险，这是创业者特别关注的一个方面。为了避免过度依赖单一资金来源带来的风险，可以积极分散投资人群，拓宽融资渠道，也就是通常所说的"不要把所有的鸡蛋都放在一个篮子里"。这样，即使某个投资人或融资渠道出现问题，也不会因此而陷入困境。同时，需要合理利用贷款杠杆，确保企业的资产负债率保持在合理水平。负债过高会给企业带来巨大的财务风险，因此需要坚持稳健的财务策略，确保企业的财务状况始终保持在健康的状态。

法律与合规风险，创业者同样不容忽视。在创业过程中，必须坚决贯彻合法合规经营的原则。创业者可以通过咨询专业律师、了解相关法律法规和政策要求，确保企业的运营活动符合法律规定，以避免法律问题导致的财务损失和声誉损害。需要明确的是，只有合法合规经营，才能为企业赢得更长久的发展空间。因此，无论是在合同签订、知识产权保护，还是在税务筹划、劳动用工等方面，都应严格遵守法律法规，确保企业的每一步都走得稳稳当当。

接下来，以一个真实案例更为直观地阐述金融策略在创业中的重要性。一家初创科技公司的创始人是一位非常有远见的创业者，在筹集启动资金时通过个人储蓄和天使投资人筹集到了首批资金。在资金使用上，他合理分配资源，将资金用于产品研发和市场推广。他深知产品是企业的核心竞争力，因此投入了大量的资金进行产品研发，确保产品的质量和创新性。同时，他非常注重市场推广，通过线上线下相结合的方式，迅速提升了产品的知名度和影响力。在财务管理方面，他建立了严格的成本控制机制，每月召开财务会议分析报表，确保企业的财务状况始终保持在可控范围内。他深知只有控制好成本，才能确保企业的盈利能力。因此，他在采购、生产、销售等各个环节都进行了严格的成本控制，确保每一分钱都用在刀刃上。

此外，他还非常注重风险管理。他购买了关键岗位的保险，降低了因人力资源流失带来的风险。同时，他还建立了完善的风险应对机制，确保企业在面临风险时能够迅速做出反应。正是凭借着这些明智的金融策略，该公司成功吸引了A轮融资，并在三年内实现了盈利。这个案例让我们深刻体会到，创业者在金融策略上的决策质量，直接关系到创业的成败。

作为创业者，我们不仅要具备敏锐的市场洞察力和创新能力，更要掌握扎实的金融知识和实践能力，只有这样才能在创业的路上走得更远、更稳。金融策略就像企业的导航系统，指引着创业者在创业的海洋中航行。创业者只有掌握了正确的金融策略，才能确保企业始终朝着正确的方向前进。

AI科技对就业市场的影响

人工智能（AI）科技的快速发展对金融行业就业市场产生了深远影响。一方面，AI技术通过自动化和智能化手段提高了金融服务的效率和准确性，降低了人力成本，从而导致一些传统金融岗位的需求减少。另一方面，AI技术的应用也催生了许多新的职业岗位，如AI算法工程师、数据科学家等，为金融从业者提供了新的就业机会。此外，AI技术还在金融风控、智能投顾、自动化交易等领域发挥着重要作用，为金融行业带来了前所未有的变革。

各种前沿报告和数据通常让我们有所触动，而麦肯锡（McKinsey & Company，全球领先的管理咨询公司之一）最新发布的那份报告更是让我们深感震撼。报告中明确指出，人工智能和自动化技术的迅猛发展，正在以前所未有的深度改变着就业市场的格局，尤其是对那些重复性高、技能门槛低、可替代性强的职业构成了巨大的冲击。数据录入员、基础客服、生产线工人等十大职业，正面临着被AI技术显著淘汰的风险，部分岗位甚至有可能在未来短短六年内被AI完全取代。然而，AI并非是就业的"终结者"，它同时也是新机遇的"创造者"，并催生了一系列新兴职业和转型机会。AI科技对就业市场的影响究竟有多么深远？我们又该如何在这场变革中找准定位，顺势而为？

AI技术的广泛应用，无疑为生产效率的提升插上了翅膀。在汽车制造领域，智能机器人以其超乎寻常的稳定性和准确性，完成了焊接、喷涂等一系列高精度作业，不仅极大地减少了对人工的依赖，还显著提升了生产线的整体效率。这种自动化、智能化的生产线模式，已经逐渐渗透到物流、零售等多个行业，使得企业能够以更低的成本、更高的效率完成生产任务。这种效率的革命，不仅为企业带来了丰厚的利润回报，也在一定程度上推动了就业市场的繁荣。然而，不可忽视的是，这种变革也带来了一定的阵痛。在智能机器人的冲击下，那些低技能的装配工人正面临着失业的风险，他们的未来将如何安放？

在金融领域，AI的应用同样引人瞩目。智能投顾、风险评估、客户服务等智能系统的横空出世，让金融服务的智能化、个性化水平迈上了一个新的台阶。这些系统能够基于大数据和算法，为客户提供更加精准、更加贴心的投资建议和服务，同时也极大地降低了企业的运营成本。然而，对于传统的金融从业者来说，这无疑是一场严峻的挑战。他们不仅需要掌握更多的数据分析技能，还需要具备与AI系统协同工作的能力，才能在这场变革中立于不败之地。AI语音识别和聊天机器人技术的日益成熟，更是让传统的客服岗位感受到前所未有的压力。这些技术以其高效、准确的特点，正在逐渐取代人工客服，使得客服岗位的数量大幅减少，对从事这一职业的人员构成了巨大的威胁。

医疗领域，则是AI技术带来革命性变化的又一重要阵地。辅助诊断、个性化治疗方案制定等智能系统的出现，让医疗服务的效率和质量得到了前所未有的提升。AI能够通过对海量医疗数据的深度挖掘和分析，为医生提供更为精准的诊断建议，甚至在某些复杂病例中直接参与治疗方案的制定。这不仅有望提高疾病的治愈率，还为患者带来了更加便捷、更加高效的医疗服务体验。然而，与此同时，那些低技能的医疗辅助人员，如病历录入员、影像资料整理员等，却面临着被AI技术取代的风险。医生等高度依赖专业知识和判断力的岗位，虽然也受到了一定的冲击，但相对而言其不可替代性仍然较强。

面对AI带来的就业市场变革，我们无法回避其带来的挑战。一方面，AI技术的广泛应用，确实可能导致一些传统岗位被替代，从而引发失业问题。例如，自动驾驶技术的发展，让司机这一职业面临着前所未有的挑战；而人工智能语音识别技术的成熟，也可能让翻译、客服等职业逐渐消失。这些职业的消失，不仅会给相关从业者带来巨大的就业压力，还可能引发一系列社会问题。另一方面，随着AI技术的不断进步，就业市场对劳动者的技能要求也在不断提高。现在，许多岗位要求劳动者不仅要掌握基本的操作技能，还需要具备计算机编程语言、数据分析等专业技能，而这对于那些低技能劳动者来说，无疑是一道难以逾越的门槛。

然而，AI科技对就业市场的影响，并非全然是负面的。事实上，AI技术的快速发展，也为我们带来了前所未有的机遇。随着AI技术的不断成熟和应用场景的拓展，许多新兴行业如雨后春笋般涌现出来，为就业市场注入了新的活力。大数据分析、人工智能研发、机器学习工程师等职位，逐渐成为就业市场的热门选择。这些新兴行业和职位的涌现，不仅为寻找工作的人群提供了更多的选择机会，也为社会创造了更多的就业机会。例如，AI系统开发与维护人员，他们负责设计、开发和维护各种人工智能系统，为企业的数字化转型提供强有力的技术支持；而数据科学分析人员，则能够从海量数据中挖掘出有价值的信息，为企业的决策提供科学依据。这些新兴职业不仅要求从业者具备高度的专业技能和创新能力，还为他们提供了丰厚的薪资待遇和广阔的发展空间。

此外，AI技术的发展还推动了生产力的发展，催生了诸多新的职业类型。例如，AI歌手、数字人电商主播等新就业形态的出现，便为就业市场注入了新的活力。这些新兴职业不仅要求从业者具备高度的专业技能和艺术修养，还为他们提供了与传统职业截然不同的工作体验和薪资待遇。同时，AI技术的广泛应用也促进了就业市场的多元化发展。现在，越来越多的企业开始尝试将AI技术与传统业务相结合，创造出新的商业模式和就业机会。这种多元化的发展趋势，不仅提高了整体就业水平，也为劳动者提供了更多的选择和发展空间。

面对AI带来的就业市场变革，我们需要积极应对，不断提升自己的技能水平。政府和企业应该加强合作，加大对技能培训的投入力度，为劳动者提供多样化的培训课程和实习机会。通过开设AI相关课程、举办技术研讨会等方式，帮助劳动者掌握新技术、新技能，提高他们的就业竞争力。同时，劳动者自身也应该树立终身学习的理念，积极学习新知识、新技能，不断提升自己的专业素养和综合能力。例如，学习编程语言、数据分析等技能，以适应未来就业市场的需求；培养创新思维和解决问题的能力，以应对不断变化的工作环境。

除了技能提升，我们还需要关注AI与传统职业的融合与协作。在未来，人类与AI协作将成为主流趋势，许多工作将不再完全由人类或AI单独完成，而是需要两者紧密配合、协同作战。例如，在医疗领域，医生可以借助AI辅助诊断系统提高诊断准确率；在金融领域，投资顾问可以利用AI智能投顾系统为客户提供更加个性化的投资建议。因此，我们需要培养与AI协作的能力，学会如何与智能系统交互、如何使用AI工具来辅助自己的工作。这种协作能力的培养，不仅需要我们掌握一定的技术技能，还需要我们具备跨学科的知识和思维方式。

另外，我们还需要深入关注AI技术对就业市场结构的影响。随着AI技术的不断发展，就业市场将更加注重创新和创造性。在未来，更多的工作将需要人们具备批判性思维、创造性思维和沟通能力等方面的能力。因此，我们需要注重培养自己的创新思维和解决问题的能力，以适应这种变化。同时，我们也需要关注就业市场的多元化发展趋势，积极探索新的就业形态和创业机会。例如，可以考虑在AI技术应用的新兴领域寻找工作机会，也可以尝试利用AI技术来创业或创新自己的业务模式。

在探讨AI科技对就业市场的影响时，我们也不能忽视其对社会经济不平等的影响。AI技术的发展，可能会在一定程度上加剧社会不平等现象，因为高技能岗位与低技能岗位之间的鸿沟将进一步扩大，高技能人才在AI驱动的行业中收入可能大幅提高，而低技能劳动力由于被AI取代，可能面临收入下降或失业的风险。这种不平等的发展状况，不仅会给就业市场带来更大的挑战和不确定性，还可能引发一系列社会问题。因此，我们需要采取措施来减轻这种不平等现象。政府可以通过制定更加灵活的劳动法规和提供更加丰富的职业培训机会等方式，来帮助人们适应就业市场的变化；企业则可以通过改善工作条件和提高员工薪资待遇等方式，来吸引和留住更多的优秀人才。同时,我们也需要加强社会保障体系的建设,为那些因AI技术失业的人员提供必要的生活保障和再就业支持。

　　AI科技对就业市场的影响是深远且复杂的,它既带来了前所未有的挑战,也孕育着巨大的机遇。我们需要以积极、理性的态度面对这场变革,通过加强教育与培训、推动技术创新与产业升级、完善法律法规体系等措施,来共同迎接人工智能时代的到来。同时,我们也需要关注AI技术的伦理和社会影响,确保其符合社会伦理和道德标准,促进社会的公平与和谐。

工具与资源：

应用：LinkedIn（职业社交平台）、腾讯财经

书籍：《从 0 到 1》《精益创业》《未来的工作》

网站：金融时报、CFA 协会官网、Wind 资讯、Forbes（财经与职业资讯网站）

学习平台：网易云课堂创业课程、麦肯锡全球研究院

第三章

金融科技的当下与未来

金融科技时代的到来

在这个日新月异的时代，金融科技（FinTech，全称 Financial Technology）作为融合了金融与科技的全新领域，犹如一股不可阻挡的飓风，以惊人的力量和速度在全球范围内掀起了一场前所未有的变革。

提及金融科技，我们首先想到的一定是那些在全球范围内引领潮流的金融科技中心。例如，美国硅谷（Silicon Valley，高科技事业云集的圣塔·克拉拉谷［Santa Clara Valley］的别称），这个被无数创业者奉为"创新摇篮"的神圣之地，汇聚了来自全球各地的科技精英。在硅谷，每一天都有可能诞生一个改变金融行业的伟大创意，每一刻都在上演着科技与金融的激情碰撞。中国深圳，这座改革开放的前沿城市，也凭借其独特的地理位置和政策优势，迅速崛起为金融科技的领军者。在深圳，政府的大力扶持为金融科技的发展提供了肥沃的土壤，企业的积极创新让金融科技之树茁壮成长，人才的不断涌现则为金融科技的持续繁荣注入了源源不断的活力。当然，还有英国伦敦，这座历史悠久的金融之都，在金融科技的浪潮中同样焕发出了新的生机。伦敦凭借其深厚的金融底蕴、开放的市场环境以及对金融科技的敏锐洞察，成功吸引了众多金融科技企业入驻。在伦敦，传统金融与新兴科技相互融合，共同推动着金融行业的转型升级。

金融科技的崛起，不仅体现在这些金融科技中心的繁荣与兴盛上，更体现在那些如雨后春笋般涌现的金融科技初创公司的蓬勃发展之中。近年来，随着技术的不断革新和市场的日益成熟，全球金融科技行业的投资规模持续攀升，初创公司的数量和融资额均不断刷新历史纪录。这些初创公司虽然规模不大，但蕴含着无穷的创造力和生命力。它们凭借着对技术的深刻理解和对用户需求的精准把握，不断推出创新性的金融产品和服务，为金融行业注入了新的活力。例如，有的公司聚焦于支付结算领域，通过优化支付流程、提高支付效率，让资金流转变得更加便捷；有的公司则深耕于风险管理领域，利用大数据、人工智能等技术手段，提升风险评估的准确性和效率；还有的公司致力于普惠金融的发展，通过降低金融服务门槛，让更多人享受到金融服务的便利与福祉。这些初创公司各具特色、各有所长，共同推动着金融科技行业的快速发展和繁荣。

金融科技之所以能够从一个新兴概念迅速发展成为全球金融行业的核心驱动力，离不开技术创新和数字化转型的双重推动。在这个过程中，区块链与加密货币（Cryptocurrencies）、人工智能、云计算等关键技术发挥了举足轻重的作用。

区块链技术，以其去中心化、透明、安全的特点，为金融交易提供了全新的解决方案。它打破了传统金融交易中的信任壁垒，使得交易双方可以在无须第三方介入的情况下完成交易。这不仅降低了交易成本，提高了交易效率，还大大增强了交易的透明度和安全性。在支付结算领域，区块链技术可以实现实时到账、降低手续费；在供应链金融领域，区块链技术可以确保货物的真实性和交易的透明性；在数字身份认证领域，区块链技术则可以保护用户的隐私安全。随着区块链技术的不断成熟和应用的不断拓展，它将在未来金融领域发挥更加重要的作用。

加密货币作为区块链技术的重要应用之一，在国际市场上的影响力和潜力仍然不容小觑。加密货币的出现为探索支付和融资方式的创新提供了宝贵的思路和经验，它让我们看到了货币体系变革的可能性，也引发了我们对金融主权、货币发行等深层次问题的思考。虽然加密货币目前还存在诸多争议和风险，但无法否认的是，它已经成为金融科技领域的一个重要组成部分，并推动着金融行业的变革与发展。

人工智能技术的广泛应用，则是金融科技领域的另一大亮点。在风险评估、客户服务、智能投顾等领域，人工智能以其强大的数据处理能力和精准的决策支持，为金融机构带来了前所未有的变革。在风险评估方面，人工智能可以快速分析海量数据，识别潜在风险点，提高风险评估的准确性和效率；在客户服务方面，人工智能可以模拟人类客服的语音和行为，提供24小时不间断的贴心服务，大大提升用户体验；在智能投顾方面，人工智能则可以根据用户的投资偏好和风险承受能力，为用户量身定制个性化的投资方案，实现财富的稳健增长。人工智能技术的不断进步和应用的不断拓展，正在让金融服务变得更加智能化、个性化、便捷化。

云计算技术的出现，则为金融机构提供了更加灵活、高效的基础设施支持。云计算能够帮助金融机构降低运营成本，提高服务弹性，快速响应市场变化。在云计算的支持下，金融机构可以轻松实现数据的存储、处理和分析，为金融创新和业务发展提供强有力的支持。同时，云计算还推动了金融服务的云端化、平台化发展，使得金融机构能够更便捷地触达用户，提供更丰富、更全面的金融服务。云计算技术的广泛应用，不仅提升了金融服务的效率和质量，还降低了金融服务的门槛和成本，让更多人能够享受到金融服务的便利与福祉。

金融科技的快速发展，不仅是技术进步的结果，更是用户需求变化的直接反映。在这个以用户为中心的时代，用户对金融服务的期望越来越高，需求也越来越多样化。例如，他们期望能够随时随地完成支付、转账和投资操作，于是移动支付和一站式理财平台应运而生；他们期望能够获得个性化的金融产品和服务，于是金融科技公司通过大数据分析用户的消费习惯和投资偏好，为用户量身定制金融解决方案；他们期望能够降低金融服务门槛、享受更加普惠的金融服务，于是金融科技推动了贷款、保险和投资等服务的普及和便捷化。这些变革不仅满足了用户的需求、提升了用户体验，还推动了金融行业的转型升级，使得金融服务更加贴近用户、更加人性化、更加普惠化。

金融科技的崛起，对传统金融机构而言既是一场严峻的挑战，也是一次难得的机遇。传统金融机构与金融科技公司之间既存在竞争关系，也存在寻求合作的机会。竞争促使双方不断创新，提升服务质量；合作则让双方能够优势互补，共同开发创新产品，满足用户需求。这种竞争与合作的并存状态，不仅推动了金融科技的快速发展，还促进了整个金融行业的繁荣与进步。传统金融机构在金融科技的推动下不断转型升级，提升服务效率和质量；而金融科技公司则凭借其技术创新和灵活应变的能力，在市场中占据了一席之地。

为了应对金融科技的快速发展，各国监管机构也在积极制定新规以平衡创新与风险。这些新规的出台既为金融科技的健康发展提供了有力保障，也对传统金融机构和金融科技公司提出了更高的要求。它们需要不断加强技术研发，提升风险控制能力，优化用户体验，以适应市场的变化和用户的需求。同时，监管机构也需要不断完善监管体系、加强监管力度，以确保金融科技的健康发展不偏离正确轨道。

不难发现，金融科技的前景令人充满期待。随着技术的不断进步和用户需求的不断变化，金融科技将继续颠覆传统金融服务的模式，推动金融行业的转型升级。因此，我们将看到更加智能化、个性化、普惠化的金融服务不断涌现，将体验到更加便捷、高效、安全的金融交易过程，将享受到金融科技带来的更多便利与福祉。也就是说，金融科技将渗透到我们生活的方方面面，成为我们生活中不可或缺的一部分。

同时，金融科技也将成为推动经济社会发展的重要力量。它将为经济增长提供新的动力源泉，为产业升级提供有力支撑，为社会进步注入新的活力。金融科技的发展，将带动相关产业的快速发展，形成新的经济增长点；也将推动传统产业的转型升级，提升产业竞争力和附加值；还将通过普惠金融等方式，促进社会公平和和谐发展。

然而，我们也应该清醒地认识到，金融科技的发展也存在挑战和风险。金融科技需要不断探索、创新、试错、迭代，需要加强监管、防范风险、保护用户权益，需要我们携手共进、合作共赢、共创未来。在这个过程中，我们每个人、每个企业乃至整个社会都需要共同努力、共同推动金融科技的健康发展。

当然，只有更多的人能够关注金融科技、了解金融科技、参与金融科技，金融科技的时代才会到来，因为金融科技时代不仅是一个行业的变革，更是一个时代的进步。因此，金融科技让我们看到了金融行业的无限可能，也让我们对未来充满了希望和憧憬。

数字金融的普及

数字金融的普及，这无疑是金融科技日新月异发展的必然结果，是金融服务模式正在经历的一场深刻而剧烈的转型。

谈及数字金融的普及，其核心特征便是无现金交易、智能化服务以及高覆盖率。这三个关键词，几乎将数字金融的魅力展现得淋漓尽致。当初，在华尔街的金融战场上，我们还在大量使用支票进行交易，那烦琐的流程、漫长的等待，如今想来都令人头疼。然而，当我们的目光转向那些数字金融蓬勃发展的国家，尤其是中国，不禁为之惊叹。在那里，人们早已习惯了用手机轻轻一扫，瞬间完成支付，这种便捷性、高效性无疑极大地提升了生活的节奏，也极大地提高了交易的效率。

智能化服务，无疑是数字金融耀眼的光环中一道亮丽的风景线。基于神秘莫测的人工智能技术，数字金融平台仿佛拥有了一颗智慧的"大脑"，能够实时分析那些纷繁复杂的数据，为用户提供量身定制投资建议，为用户量身打造贴心的信贷服务。这种个性化、智能化的服务，不仅让金融服务的精准度得到了前所未有的提升，也让用户对金融平台的依赖性、黏性大大增强。如今，回想起笔者曾担任某国际金融财团风险管理资深顾问的那段日子，更能深刻体会到数据在风险管理中所扮演的举足轻重的角色。数字金融，正是通过大数据与人工智能的完美结合，让风险管理变得更加科学、高效，让金融机构能够更从容地应对市场的风云变幻。

至于高覆盖率，那更是数字金融能够迅速普及、深入人心的关键所在。得益于移动互联网的无孔不入，数字金融服务已经渗透到城市的每一个角落，乡村的每一片土地，甚至那些偏远得几乎被人遗忘的地区。这种"无处不在"的服务，不仅让数字金融服务的可及性得到了极大的提升，也让金融资源能够更加均衡地分配。在与一些发展中国家的金融机构交流时，发现数字金融是他们实现普惠金融、服务偏远地区的重要途径。在偏远乡村，村民通过数字金融平台，第一次获得了贷款，用于发展农业、改善生活，这是他们打破金融壁垒、促进经济发展的有力武器。

数字金融的普及，其影响之深远、意义之重大，如同一股强劲的东风吹拂着社会经济的田野，促进了包容性增长的实现。传统银行服务，往往设置着高高的门槛，将那些中小企业、低收入群体拒之门外。数字金融则如同一把锋利的宝剑，斩断了这些门槛，为这些中小企业和低收入群体提供了宝贵的融资机会，这不仅有助于缓解他们融资难、融资贵的困境，也有助于经济的多元化、包容性增长。例如，在我参与的一些金融扶贫项目中，数字金融就发挥了举足轻重的作用，既让贫困地区的居民能享受到便捷的金融服务，也能通过金融的力量改善自己的生活状况，走出贫困的泥潭，迈向富裕的道路。

不仅如此，数字金融还如同一股强大的推动力，推动着区域经济的振兴。通过数字金融那些神奇的工具，偏远地区能够更便捷地参与到全国甚至全球的经济活动中，能够更充分地利用自身的资源，促进区域经济的均衡发展。例如，在中国经济发展过程中，数字金融在推动中西部地区经济发展中扮演着重要角色：它打破了地理的限制，让偏远地区的资源能够更顺畅地流动起来，能够更充分地发挥出来，从而带动当地经济的繁荣。

此外，数字金融还通过线上平台普及金融知识，以提高大众的财务素养。例如，在笔者担任学术顾问期间，曾多次参与金融知识的普及项目。当人们对金融产品有了更深入的了解，有了更坚定的信任时，他们才会更愿意参与到金融活动中，才能更充分地享受金融带来的便利与好处。数字金融，正是通过线上平台那广泛而深入的宣传与教育，让越来越多的人对金融有更清晰的认识和更浓厚的兴趣，从而推动金融市场的繁荣与发展。

然而，数字金融的普及之路并非一帆风顺，它也面临着诸多严峻的挑战。其中，技术鸿沟便是一个不容忽视的问题。在这个数字化的时代，部分用户，尤其是那些老年用户，或是技术水平有限的人群，他们可能无法适应这些数字化的工具，无法享受数字金融带来的便利。这就要求在推广数字金融的同时，不仅要关注这些弱势群体的需求，而且要为他们提供必要的帮助与支持，让他们也能跨越技术的鸿沟，享受到数字金融的红利。

隐私与安全更是数字金融交易中必须时刻警惕的问题。在这个信息爆炸的时代，数据泄露、网络犯罪的风险时刻威胁着用户的财产安全与个人隐私。因此，数字金融平台必须加强技术安全的建设，必须提高系统抵御攻击的能力，必须加强用户隐私的保护，确保用户数据的安全与完整，只有这样才能让用户放心地使用数字金融服务，才能让用户对数字金融产生更坚定的信任。

此外，监管难度也是数字金融普及过程中一个亟待解决的问题。那些跨国运营的数字金融企业，给各国监管机构带来了前所未有的挑战。如何建立全球统一的监管框架，如何确保数字金融的合法合规运营，这是一个摆在各国监管机构面前的重要课题。

尽管数字金融的普及之路充满了挑战与坎坷，但其普及形势却势不可当。以某知名数字金融平台为例，该平台通过提供低门槛的小额信贷与在线理财服务，成功覆盖了数百万此前无法获得银行服务的用户。这些用户，或许是因为收入微薄，或许是因为地处偏远，他们曾被视为传统金融的"弃儿"，但数字金融为他们提供了宝贵的金融服务。同时，该平台还投资于教育项目，帮助用户提高数字工具的使用技能。这一举措，不仅显著改善了用户的经济状况，也推动了区域经济的发展，为社会的繁荣与进步贡献了一分力量。这一案例无疑充分展示了数字金融在普惠金融与社会经济发展中的巨大潜力和广阔前景。

站在这个金融与科技交织的时代风口，数字金融的普及不仅是技术进步的必然结果，更是金融服务对用户需求的积极响应与深刻洞察。它打破了传统金融服务的重重限制，促进了金融资源的均衡分配，推动了包容性增长与区域经济的振兴，为社会的繁荣与进步注入了强大的动力。

数字金融的普及还将继续深化，继续拓展。随着技术的不断进步与监管体系的不断完善，数字金融将在更多领域发挥重要作用，将在更大范围内产生影响。数字金融将成为金融服务的重要组成部分，也将成为推动全球经济繁荣与发展的有力引擎。在未来的日子里，数字金融将继续引领金融服务模式的变革，为全球用户带来更加便捷、更加高效的金融体验。

人工智能与大数据在金融中的作用

在科技日新月异的今天，大数据与人工智能（AI）正以前所未有的力量重塑金融行业的面貌。作为金融领域的从业者，我们始终关注着这两个领域的发展，并深信它们将在金融领域发挥越来越重要的作用。这里，笔者想从自己的视角出发，深入探讨人工智能与大数据在金融领域的作用，以及它们如何共同推动金融行业的创新与变革。

这里，我们先从大数据谈起。金融市场充满了不确定性，价格波动、信用风险、市场风险等各种因素时刻考验着金融机构的智慧和应变能力，而大数据就像一把钥匙，能够开启市场迷雾的大门，让我们看到市场的本质和规律。

通过收集和分析海量的交易记录、市场数据、客户信息等，大数据不仅能够帮助金融机构更准确地评估各类风险，还能够揭示出隐藏的市场趋势和客户需求。这种基于数据的决策方式，相比于传统的经验判断和直觉决策，无疑更加科学、客观和可靠。例如，在信贷审批过程中，大数据可以综合考虑客户的信用记录、交易行为、社交媒体活动等多个维度的信息，从而更全面地评估客户的信用风险，提高审批的准确性和效率。

然而，大数据的价值并不仅仅在于其庞大的数据量，更在于其背后的关联性和洞察力。金融领域的强关联性具有巨大的应用潜力。例如，通过大数据分析，我们可以发现某些看似不相关的数据之间存在的潜在联系，进而为金融决策提供新的视角和思路。

接下来，让我们谈谈人工智能在金融领域的作用。如果说大数据为金融决策提供了丰富的素材和洞察力，那么人工智能则是将这些素材转化为实际行动的"智慧大脑"。在金融领域，人工智能的应用已经渗透到各个角落，从自动化交易到智能投顾，从风险管理到客户服务，无处不在。

自动化交易是人工智能在金融领域的一大亮点。通过实时监控市场动态并根据预设的交易策略自动执行买卖操作，人工智能算法不仅提高了交易效率，还降低了交易成本。更重要的是，人工智能能够避免因人为情绪干扰而导致的决策失误，使交易更为理性和稳健。在高频交易领域，人工智能算法甚至能够在毫秒级的时间内完成复杂的交易决策，为金融机构带来丰厚的利润。

智能投顾则是人工智能在财富管理领域的创新实践。基于投资者的风险偏好、收益目标等因素，人工智能算法能够为投资者提供个性化的投资建议和资产配置方案。这种智能化的投资服务不仅降低了投资门槛，还提高了投资的精准度和效率。对于广大普通投资者而言，智能投顾无疑是一个福音，它让投资变得更加简单、便捷和智能。

在风险管理方面，人工智能同样发挥着重要作用。通过分析海量的市场数据和客户信息，人工智能算法能够实时评估各类风险并制定相应的风险管理策略。例如，在信贷审批过程中，人工智能能够通过对客户的信用记录、交易行为等多个维度的信息进行分析，快速准确地判断客户的信用风险水平，从而做出是否批准贷款的决策。这种基于人工智能的风险管理方式不仅提高了审批效率，还降低了不良贷款率，为金融机构的稳健经营提供了有力保障。

此外，人工智能还在客户服务、市场预测等方面发挥着重要作用。智能客服系统能够24小时不间断地为客户提供服务，如解答疑问、处理投诉等，大大提高了客户满意度。基于人工智能的市场预测模型则能够通过对历史数据和市场动态的分析，预测未来的市场走势和投资机会，为投资者提供有价值的参考信息。

那么，大数据与人工智能在金融领域是如何相互作用、共同推动金融创新的呢？其实，它们就像一对"黄金搭档"，共同为金融行业的发展注入了新的动力。

一方面，大数据为人工智能提供了丰富的数据资源和洞察力。没有大数据的支持，人工智能就像无源之水，难以发挥其应有的作用。有了大数据的支持，人工智能就能够从海量数据中提取有价值的信息和规律，为金融决策提供更加精准和可靠的依据。

另一方面，人工智能则通过对大数据的深入分析和挖掘，实现了对金融业务的智能化处理和优化。无论是自动化交易、智能投顾还是风险管理等方面，人工智能都展现出了其独特的优势和价值。它不仅提高了金融服务的效率和准确性，还降低了成本和风险，为金融机构带来了实实在在的好处。

　　大数据与人工智能的结合还推动了金融服务的个性化发展。通过收集和分析客户数据，金融机构能够深入了解客户的需求和偏好，从而提供定制化的金融产品和服务。这种个性化的金融服务不仅能够提升客户满意度和忠诚度，还能够为金融机构创造新的收入来源和竞争优势。想象一下，当一位客户走进银行，银行能够立即识别出他的身份和偏好，并为他提供量身定制的金融产品和服务，这种宾至如归的感觉将是令人多么愉悦。

　　在金融科技迅猛发展的今天，大数据与人工智能的结合正成为金融创新的"加速器"。它们为金融机构提供了强大的技术支持和创新动力，推动了金融科技的发展和应用。例如，基于大数据和人工智能的智能风控系统，能够实时监控交易行为并识别潜在风险；基于大数据和人工智能的智能投顾平台，则能够根据投资者的风险偏好和收益目标提供个性化的投资建议和资产配置方案。这些创新应用不仅提高了金融服务的效率和准确性，还降低了成本和风险，为金融行业的发展注入了新的活力。

　　当然，大数据与人工智能在金融领域的应用也面临着一些挑战和问题。例如，数据的质量和安全问题是制约其应用的重要因素之一。金融机构需要确保数据的真实性和完整性，并采取措施保护客户的隐私和权益。此外，技术的复杂性和可解释性也是制约其应用的因素之一。金融机构需要不断投入研发和创新，提高技术的成熟度和可靠性，并加强技术人才的培养和引进。

　　尽管如此，随着技术的不断进步和应用场景的不断拓展，大数据与人工智能将在金融领域发挥越来越重要的作用。它们将推动金融行业向更加智能化、个性化和高效化的方向发展，为金融机构和客户提供更加优质、便捷和安全的金融服务。

随着大数据与人工智能技术的不断融合和创新，金融行业将迎来一个全新的智能金融时代。作为金融从业者或投资者，我们应该积极拥抱这个变革时代，不断学习和掌握新技术、新方法，以适应金融行业的快速发展和变化。同时，我们也应该关注新技术带来的潜在风险和挑战，并寻求解决方案以确保金融行业的健康稳定发展。

在这个全新的智能金融时代里，金融服务将更加智能化、个性化和高效化，金融风险管理将更加精准、全面和及时，金融投资将更加科学、理性和稳健。大数据与人工智能作为挖掘和利用这一宝贵资源的强大工具，正引领着金融行业走向一个更加智能、高效和可持续的未来。

移动通信技术在金融领域的应用

在科技迅速发展的今天，移动通信技术的发展更是势如破竹，深刻地改变了我们的生活方式，也在金融领域掀起了前所未有的变革。

移动通信技术，尤其是智能手机的普及和5G网络的发展，彻底改变了金融服务的提供方式。从最初的短信通知服务到如今全面集成的移动支付和理财平台，这些技术已经深入渗透到人们的日常生活中。人们不再依赖于笨重的台式机电脑，也不再受限于银行网点的营业时间，只需轻轻一点手机屏幕，就能随时随地享受到便捷的金融服务。同时，5G网络的到来，更是让金融数据的传输速度和处理能力达到了前所未有的高度。

在金融服务的应用中，移动支付无疑是一个革命性的创新。以支付宝和微信支付为例，它们通过扫描二维码或NFC（Near Field Communication，近场通信）技术，实现了即时支付，极大地简化了支付流程，让支付流程变得前所未有的简单快捷。如果你在超市购物结账时，突然发现钱包忘带了，千万不必慌张，收银台旁会出现熟悉的二维码，让你使用手机里的支付软件可以轻松解决这个问题。这时，你只需要打开手机，扫描二维码，输入金额，确认支付，仅需几秒钟整个过程一气呵成。这便是移动支付带来的便捷和高效，也最直观地让你感受到移动通信技术如何改变了我们的支付方式和生活习惯。

如今，无论是线上购物、线下消费，还是缴纳水电费、转账汇款，移动支付都已成为首选。它几乎覆盖了所有的支付场景，让我们的生活变得更加轻松和高效。而这一切，都离不开移动通信技术的强有力支撑。正是移动通信技术的不断进步和创新，才使得移动支付得以如此迅速地普及和发展，成为我们生活中不可或缺的一部分。

除了移动支付，移动银行（又称手机银行）也是移动通信技术在金融领域的一大应用亮点。各大银行的手机应用程序都支持用户随时随地进行账户查询、转账、贷款申请等操作，不仅功能全面、操作简便，而且界面友好、易于上手。

更值得一提的是，移动银行的出现，真正实现了金融服务的24小时不打烊，让我们能够随时随地管理自己的财务，享受便捷、高效的金融服务。无论是查询账户余额、转账汇款，还是申请贷款、购买理财产品，都可以通过手机银行轻松完成。这种服务模式的创新，不仅提高了金融服务的效率和便捷性，也增强了用户与银行之间的互动和黏性，为银行的发展注入了新的活力。

此外，移动通信技术还为传统金融体系难以覆盖的人群提供了微型金融服务，填补了金融服务的空白。在偏远地区或低收入群体中，很多人由于地理、经济或文化原因，无法享受到传统的银行服务。他们可能离银行网点很远，也可能没有足够的资金和时间去银行办理业务。但通过移动技术，他们可以获得小额贷款、储蓄服务等金融产品，满足自己的金融需求。这种服务模式的创新，不仅为这些人群提供了更多的发展机会和选择，也促进了金融市场的繁荣和发展。

例如，肯尼亚的M-Pesa（肯尼亚占主导地位的电子钱包，基于SIM卡的虚拟银行系统）就是一个典型的成功案例。它通过手机网络为无银行账户的人群提供支付和储蓄服务，极大地提高了金融服务的普及率，成为推动普惠金融的典范。M-Pesa的成功经验告诉我们，移动通信技术具有强大的渗透力和覆盖面，能够打破地理、经济等种种限制，让金融服务真正惠及每一个人。

说到普惠金融，移动通信技术无疑在这方面发挥了巨大的作用。它帮助缩小了金融服务的地域和收入差距，让更多的人能够享受到便捷、安全的金融服务。特别是在发展中国家，手机的普及使得银行服务能够覆盖到未开设实体分支的地区，让当地居民也能享受到现代化的金融服务。这不仅方便了当地居民的生活，也促进了当地经济的发展和金融市场的繁荣。例如，笔者曾在一次国际金融会议上，听一位来自非洲的金融专家分享他们国家如何利用移动通信技术推动普惠金融的发展。他分享说，通过移动支付和微型金融服务，许多偏远地区的居民第一次接触到了银行服务，这对他们来说是一次前所未有的体验，也是一次改变命运的机会。他们可以通过手机支付学费、购买生活用品，甚至申请小额贷款来发展自己的小生意，而这些看似微不足道的金融服务却为他们的生活带来了巨大的改变和希望。

然而，尽管移动通信技术为金融行业带来了诸多便利和创新，但也面临着一些不容忽视的挑战。其中，数据安全与隐私保护是一个亟待解决的问题。随着移动金融服务的普及，用户数据的保护变得尤为重要。用户的账户信息、交易记录等敏感数据，一旦泄露或被滥用，将给用户带来无法估量的损失。因此，我们需要引入更先进的加密技术和认证机制，确保用户数据在传输和存储过程中不被泄露或篡改。同时，加强用户的安全教育也是必不可少的。我们要让用户充分认识到数据安全的重要性，并学会如何保护自己的信息。例如，不轻易泄露个人信息、密码等敏感数据，定期更换密码，使用安全的网络环境进行交易等。我们只有让用户成为自己数据的第一守护者，才能从根本上降低数据泄露的风险。

此外，网络覆盖不足也是制约移动金融进一步普及的一个重要因素。在一些偏远地区或发展中国家，网络基础设施的欠缺导致移动金融服务无法覆盖到这些地区，这使得当地居民无法享受到移动金融带来的便利和创新。为了解决这个问题，我们需要加大网络基础设施建设的投入力度，提高网络覆盖率。这可以通过政府投资、企业合作等多种方式来实现。同时，我们也可以探索利用卫星通信等先进技术，实现偏远地区的网络覆盖。这样不仅可以解决网络覆盖不足的问题，还可以为偏远地区的居民提供更多的发展机会和选择。

另外，技术教育也是一个不容忽视的问题。在生活中，一些人群由于缺乏使用移动金融服务的技能和知识，无法充分利用这些服务来改善自己的生活。因此，我们需要加强数字素养培训，提高人们使用移动金融服务的能力。这可以通过政府、企业和社会各界的共同努力来实现。政府可以出台相关政策，鼓励企业开展数字素养培训；企业可以开发易于使用的移动金融应用，并提供详细的教程和指导；社会各界则可以共同参与，通过举办讲座、开展宣传活动等方式，提高人们对移动金融的认知和使用能力。这样，更多的人才能享受到移动金融带来的便利和创新，也才能让移动金融真正惠及每一个人。

在探讨移动通信技术在金融领域的应用时，不得不提到一些成功的实践案例。例如，中国的移动支付生态无疑是一个值得骄傲和自豪的成就。以支付宝和微信支付为代表，中国已成为全球移动支付的领先者。支付平台与电商、生活服务等深度整合，形成了独具特色的移动支付生态体系。这种生态体系的形成，不仅促进了移动支付的普及和应用，也推动了相关产业的协同发展。移动支付的发展带动了线上购物的繁荣，而线上购物的繁荣又进一步推动了移动支付的应用和创新。这种良性循环使得中国的移动支付生态在全球范围内都具有领先地位，也成为中国金融科技一张亮丽的名片。

除了中国，印度的数字支付革命也是移动通信技术在金融领域应用的一个成功案例。印度政府通过推出统一支付接口（UPI），结合广泛的手机普及率，显著提升了金融服务的可得性和便捷性。UPI的推出使得不同银行之间的转账变得更加便捷和高效，也促进了数字支付的普及和应用。如今，在印度的街头巷尾，人们都可以通过手机轻松完成支付和转账操作。这一成功案例告诉我们，政府、企业和社会各界的共同努力是推动移动通信技术在金融领域应用的关键，只有各方携手合作、共同推进，才能让移动金融真正惠及每一个人，也才能让金融服务更加便捷、高效、安全。

随着6G技术和物联网的逐步实现，移动通信技术将在金融领域继续拓展应用场景和边界。无现金社会的愿景正逐渐成为现实，而通过技术手段加强金融安全与公平性也将成为未来发展的重要方向。我们相信，在不久的将来，我们将看到一个更加便捷、安全、高效的金融世界。在这个世界里，移动通信技术将成为金融服务的核心支撑和基石，为我们的生活带来更多的便利和惊喜。

金融科技对投资理财的深刻影响

在这个快速变化的时代，金融科技正以其独特的魅力，深刻地改变着我们的投资理财世界。我们见证了金融科技从萌芽到蓬勃发展的过程，也深刻感受到了它对我们投资理财方式的深远影响。

在《金融让谁富有》（中信出版社，2010年版）一书中，笔者曾深入探讨了华尔街金融霸权及金融危机的根源，而金融科技的发展及其对投资理财的普及作用，无疑是书中不可忽视的一个重要篇章。金融科技通过降低金融产品和服务的门槛，使得更多普通投资者能够参与到金融市场中。金融科技不仅改变了投资者的理财方式，而且极大地提高了他们的风险承受能力。例如，过去只有高净值人群才能接触到的私募股权基金，现在普通投资者通过金融科技平台也有机会参与，分享企业成长的收益。

对于金融科技如何影响财经新闻的传播和接收，进而改变投资者决策过程的问题，过去投资者获取财经信息主要依赖于报纸、电视等传统媒体，而这些信息往往存在滞后性和不全面性。现在，金融科技使市场信息更加透明、传播速度更快，投资者只需轻点手机屏幕就能实时获取全球最新的财经资讯。然而，这也对投资者的信息筛选和分析能力提出了更高要求。在海量信息面前，投资者需要学会辨别真伪，理性分析，避免被市场情绪所左右。

金融科技通过大数据、人工智能等技术手段，为投资者提供了更加个性化、智能化的投资建议。传统的投资顾问往往只能根据投资者的整体情况提供一般性的建议，而金融科技则能够基于投资者的个人风险承受能力、投资目标、市场趋势等多维度数据，为投资者量身定制投资策略。例如，一位年轻投资者通过某智能投顾平台，根据自己的风险偏好和投资期限，获得了一个包含股票、债券、基金等多种资产的投资组合建议。这个组合不仅符合他的个人需求，还在随后的市场波动中表现稳健，为他带来了可观的收益。

正因为如此，笔者经常分享金融科技对投资理财市场的最新趋势和影响。金融科技正在推动投资理财行业的数字化转型，使得投资者能够享受更便捷、更智能的金融服务。从在线开户、交易查询到风险评估、投资顾问，金融科技几乎涵盖了投资理财的每一个环节。例如，有一家利用区块链技术打造的去中心化交易平台，该平台不仅实现了交易的即时结算和低成本，还通过智能合约技术确保了交易的安全性和透明度。这种创新模式为投资者提供了全新的交易体验。

当然，金融科技对普通投资者也存在着不可忽视的影响。金融科技与社交媒体的融合，使得投资者能够更容易地接触到各种金融产品和服务。无论是微信朋友圈的理财广告，还是抖音上的财经直播，金融科技都以更加生动、直观的方式呈现在投资者面前。然而，这也需要投资者保持警惕，避免陷入金融诈骗等风险。例如，一位投资者在社交媒体上看到一则高收益的理财广告后，未经核实便投入了大量资金，结果被骗得血本无归。这提醒我们，在享受金融科技带来便利的同时，投资者也需要学会保护自己的财产安全。

金融科技的发展还极大地提高了投资理财的效率。传统的投资理财方式往往需要投资者花费大量时间和精力去银行、证券公司等机构办理业务。现在，通过在线平台、移动应用等工具，投资者可以随时随地进行交易和查询，大大提高了投资理财的便利性。例如，我们曾经需要花费数小时在银行排队办理转账业务，而现在只需几分钟就能通过手机银行完成。这种效率的提升不仅节省了投资者的时间成本，也使得他们能够更加灵活地调整投资策略，抓住市场机遇。

金融科技在提供个性化投资建议方面的精准度也是令人印象深刻的。传统的投资顾问往往只能根据投资者的年龄、收入、资产等基本信息提供建议，而金融科技则能够基于更加丰富的数据维度进行分析。现在，通过分析投资者的交易记录、浏览行为、社交媒体动态等数据，金融科技可以更加准确地了解投资者的风险偏好、投资偏好等信息，从而提供更加精准的投资建议。例如，一位金融科技公司的创始人介绍，他们的平台通过分析用户的浏览历史和交易行为，能够为用户推荐符合其兴趣的投资产品，而这种个性化服务大大提高了用户的满意度和黏性。

金融科技还深刻地改变了投资者的决策过程。过去，投资者往往只能依靠自己的经验和直觉来做出投资决策。现在，金融科技提供了更加丰富的市场信息和数据分析结果，使得投资者能够更加科学地做出决策。通过大数据分析技术，金融科技可以实时监测市场动态、分析市场情绪、预测市场趋势等，为投资者提供有力的决策支持。例如，一家利用人工智能技术进行市场情绪分析的金融科技公司，他们的模型能够准确预测市场的短期波动，为投资者提供了宝贵的交易机会。

此外，金融科技的发展还推动了金融产品的创新与发展。过去，金融产品的种类和形式相对有限，投资者往往只能选择传统的股票、债券、基金等产品进行投资。现在，随着金融科技的不断创新，越来越多的新型金融产品涌现出来。智能投顾、数字货币等新型金融产品的出现，为投资者提供了更多的投资选择和机会。例如，笔者曾参加过一场关于数字货币的研讨会，与会专家纷纷表示数字货币具有去中心化、匿名性、可追溯等特点，将为投资者带来全新的投资体验和价值回报。

当然，金融科技的发展也存在诸多挑战，如金融科技的快速发展可能导致市场竞争加剧、信息安全风险增加等问题。对于投资者来说，他们需要不断提高自己的风险意识和信息筛选能力，以避免陷入金融诈骗等风险。同时，金融机构也需要加强内部管理、提高技术水平，确保金融服务的安全性和稳定性。政府监管部门也需要密切关注金融科技的发展动态，及时制定和完善相关法律法规，为金融科技的健康发展提供有力保障。

但总的来说，金融科技对投资理财产生了深刻的影响，不仅提高了投资理财的效率和便利性，也为投资者提供了更加个性化、智能化的投资建议和更加多元化的投资选择。然而，金融科技的发展也带来了诸多挑战，需要投资者、金融机构和政府监管部门共同应对。

金融科技的监管

金融科技的监管，这是个长期热度较高的话题。在发展的过程中，金融科技就像一把双刃剑。一方面，金融科技滋润着金融行业的每一个角落。从日常使用的移动支付，到那些高大上的智能投顾，再到区块链、人工智能这些前沿技术，金融科技不仅使金融服务变得更快捷、更高效，还推动了普惠金融的深入发展，让那些曾经难以获得金融服务的群体也能享受到金融的便利。但另一方面，金融科技这匹野马在狂奔的过程中也带来了不少潜在的风险，让人不得不警惕。

放眼国际，不同国家对金融科技的监管可谓五花八门，各有高招。例如，在美国，主要由联邦储备系统和各州监管机构来负责金融科技的监管，通过制定货币政策、开展监督检查等方式，确保金融科技行业遵守规则和法度。在欧洲，则设立了欧洲银行管理局、欧洲保险和职业养老金管理局等机构，来协调和管理金融科技行业。更值得一提的是，欧盟还在2018年推出了一项总计23步的"金融科技行动计划"（Fintech Action Plan），为金融科技企业打通单一市场、减少法规障碍下了不少功夫。当然，在中国，中国人民银行、银保监会和证监会等机构也肩负着金融科技监管的重任。其中，中国人民银行主要负责制定金融科技发展规划和政策，而银保监会和证监会则分别对银行、保险和证券领域的金融科技进行监管。这些不同的监管模式，反映了各国在金融科技监管上的不同侧重点和策略。

那么，为什么说金融科技的监管如此重要呢？在我们看来，这主要是因为金融科技监管能够在保护消费者利益、维护金融市场稳定和促进金融创新之间找到一个微妙的平衡点。金融科技的快速发展虽然带来了效率提升和普惠金融的普及，但同时也伴随着数据隐私泄露、洗钱、市场操纵等诸多潜在风险。这些风险一旦爆发，那后果可就不堪设想了。因此，建立适应金融科技特点的监管体系，对于保障金融市场的健康发展和消费者的合法权益是至关重要的。

对于金融科技监管的模式，原则导向监管和沙盒机制监管这两种模式是比较合理的。原则导向监管，就是设立一些宽泛的指导原则，给金融科技公司留下足够的创新空间，但同时也要求他们遵守基本的规则，如消费者保护和系统安全。这种模式的好处是能够激发金融科技公司的创新活力，让他们敢于尝试新技术、新模式。不过，这对监管机构的监管能力和水平也提出了更高的要求，毕竟原则导向监管不好驾驭。沙盒机制监管，则为新技术和商业模式提供了一个测试环境，让它们在有限范围内运行，以便在全面推广前发现问题并及时调整。这种模式的好处是能够降低监管成本，提高监管效率，为金融科技的健康发展提供有力保障。例如，英国金融行为监管局（Financial Conduct Authority，FCA）就引入了"监管沙盒"，为初创企业提供了在受控环境中测试产品的机会，同时确保了市场的公平性。

不过，金融科技监管这条路不好走，存在许多挑战。首先，技术复杂性是一个大问题。区块链、人工智能这些技术，对专业性要求极高，监管机构需要具备足够的技术理解力，才能对金融科技公司的业务进行准确评估和监管。但技术更新迭代那么快，监管机构往往难以跟上技术发展的步伐。因此，必须加强学习，提高专业素养和技术水平才行。其次，监管套利也是一个令人头疼的问题。金融科技公司可能利用不同地区监管制度的不一致性规避监管，从而进行非法金融活动。为此，必须加强监管协调，堵塞监管漏洞，让金融科技公司的违规行为无处遁形。最后，如何在鼓励创新与防范风险之间找到平衡点，也是金融科技监管需要解决的一大难题。过度监管可能会压制金融科技的创新活力，而监管不足则可能引发系统性风险，这类似于走钢丝必须小心翼翼地拿捏好分寸才可以。

当然，金融科技监管也有成功案例。其中，英国的沙盒机制就很值得称道。英国的沙盒机制像一个温室，为初创企业提供了在受控环境中测试产品的机会，让它们能够在安全的环境下苗壮成长。同时，也确保了市场的公平性，避免了劣币驱逐良币的现象发生。

综合来看，金融科技监管未来将呈现出一些新的趋势。首先，技术赋能监管将成为主流。利用人工智能和大数据等先进技术，监管机构可以实现对金融科技的实时监控与分析，提高监管效率和准确性。这种"监管科技"（RegTech）的发展，将有助于解决传统监管手段难以应对的复杂问题。如果监管机构能够利用这些先进技术来辅助监管，那就相当于给监管工作插上了一对翅膀，监管效率和准确性一定会大幅提升。其次，动态调整机制或许也将成为监管政策的重要特征。随着金融科技的快速迭代和全球化业务的扩展，监管政策也得具备动态调整的能力。这样才能适应市场变化和技术发展，确保监管政策始终能够跟上金融科技的步伐。最后，全球标准化趋势也将日益明显。为了应对全球化金融科技的挑战，各国政府和监管机构必须加强合作与交流，共同制定统一的监管标准和规范。这样才能促进全球金融科技的健康发展，避免因为监管标准不一致而导致的种种问题。

作为金融科技领域的观察者和参与者，我们深知金融科技监管的重要性和复杂性。在我们看来，金融科技的监管既是一种约束，也是一种保障，只有通过合理有效的监管才能在获得最大化技术创新红利的同时，确保金融系统的安全性与稳定性。所以，我们需要不断探索和创新金融科技监管模式，加强国际合作与交流，共同应对金融科技带来的挑战和机遇。

在金融科技监管的过程中，还有一些关键问题值得深入思考和研究，如如何确保金融科技的普惠性不被过度监管所削弱？金融科技的发展，原本就是为了让更多人享受到金融服务的便利，但如果监管过度把金融科技管得死死的，那它的普惠性就会大打折扣。所以，我们需要在监管和普惠性之间找到一个平衡点，让金融科技既能健康发展，又能惠及更多人群。另外，如何在鼓励金融科技创新的同时，有效防范系统性风险？这也是个难题。创新是金融科技发展的动力源泉，但创新往往也伴随着风险。因此，在鼓励创新和防范风险之间需要找到一个平衡点，让金融科技能够在安全的环境下创新发展。如何在全球化背景下实现金融科技的统一监管和协调？这也值得深思。随着金融科技的全球化发展，各国之间的监管合作与协调变得越来越重要。我们需要加强国际合作与交流，共同制定统一的监管标准和规范，才能确保全球金融科技的健康发展。

　　总而言之，金融科技的监管是一个复杂而重要的课题。我们只有通过合理有效的监管，才能在最大化技术创新红利的同时，确保金融系统的安全性与稳定性。同时，我们相信在各国政府和监管机构的共同努力下，金融科技的监管将会越来越完善，为金融科技的健康发展提供更加有力的保障。

工具与资源:

应用:Tableau(数据可视化工具)、中国证监会

书籍:《金融科技革命》《移动支付的未来》《金融科技与投资》

网站:Fintech News(金融科技新闻网站)、FintechZoom(金融科技投资新闻网站)

学习平台:Coursera数据分析课程、知熊投资教育、清华大学金融科技研究院在线教育平台

第四章

金融智慧下的晚年保障

养老金的投资策略

在探讨养老金投资策略的过程中，这一话题是存在重要性与复杂性的。我们在探索各种资本的运作方式和金融工具的投资行为时，间接或直接地涉及了养老金的投资策略。养老金作为我们晚年生活的重要保障，其投资策略的制定与执行，直接关系到我们未来的晚年生活质量与幸福感。因此，我们愿意在此分享一些思考与见解，希望能为广大投资者提供一些有益的参考。

在笔者的著作中，我多次强调长期投资的重要性。养老金投资更应如此。养老金的积累是一个长期的过程，需要我们用几十年的时间去规划与管理。因此，我们必须树立长期投资的理念，避免频繁交易和短期行为。长期投资的好处在于，它能够让我们充分利用复利（Compound Interest，即"利生利""利滚利"）效应，实现财富的稳健增长。复利的力量在于时间的积累。当我们把资金投入具有长期增长潜力的资产中时，随着时间的推移，这些资产的价值会不断增值，而增值的部分又会继续产生收益，从而形成良性循环。这种效应在养老金投资中尤为明显，因为它能够让我们在退休时拥有足够的资金来应对未来的生活需求。

在养老金投资中，分散投资同样至关重要。通过将资金分散投资于不同的资产类别和行业，我们可以有效降低单一投资带来的风险。这种策略在金融市场波动频繁、不确定性增加的背景下显得尤为重要。分散投资的核心在于"不把所有的鸡蛋放在一个篮子里"。我们可以将资金分配到股票、债券、基金、房地产等多种资产中，以实现风险的分散。同时，在股票投资中，我们还可以进一步分散到不同的行业、地区和市值规模的股票中。这样一来，即使某个行业或地区的市场出现波动，我们的整体投资组合也能够保持相对稳定。当然，分散投资并不意味着盲目投资或过度分散。我们需要根据自己的风险承受能力、投资目标和市场情况来制定合理的分散投资策略，只有这样才能在降低风险的同时实现收益的最大化。

在养老金投资中，价值投资是一种值得推崇的策略。价值投资的核心在于关注企业的基本面和长期价值，而非短期市场波动。这种策略能够帮助我们筛选出那些具有持续竞争优势、良好财务状况和广阔发展前景的企业进行投资，而价值投资的精髓在于"买得好不如买得对"。在养老金投资中，我们不需要追求短期的市场热点或高收益，而应该注重企业的长期价值和成长性。通过深入研究企业的财务报表、业务模式、管理团队和市场前景等因素，我们可以发现那些被市场低估的优质企业并进行投资。这些企业在未来有望实现价值的回归和持续增长，从而为我们的养老金带来稳定的回报。

养老金投资并非一成不变的事情，需要定期审视和调整投资组合以适应市场变化和个人情况的变化。定期复评的目的在于确保我们的投资策略始终符合自己的风险承受能力、投资目标和市场环境。在复评过程中，我们需要关注市场环境的变化、个人情况的变化以及投资组合的表现。市场环境的变化包括宏观经济政策、行业动态和市场情绪等因素，个人情况的变化则涉及年龄、家庭状况、财务状况等多个方面，而投资组合的表现则需要通过业绩评估和风险控制来综合考量。通过定期复评，我们可以及时发现问题并进行调整，以确保养老金投资始终保持在正确的轨道上。

在养老金投资中，每个人的情况都是独特的。因此，我们需要根据自己的风险承受能力、退休时间、预期寿命等因素来制定个性化的投资计划。风险承受能力是制定投资计划时需要考虑的重要因素之一。不同的人对风险的承受能力是不同的，有些人可能更愿意承担高风险以追求高收益，而有些人则更注重资产的保值增值。因此，我们需要根据自己的风险承受能力来选择合适的投资产品和比例。同时，我们还需要考虑自己的退休时间和预期寿命等因素来制定合理的投资期限和收益目标。例如，对于即将退休的人来说，他们可能更注重资产的保值和流动性，因此可以选择一些风险较低、收益稳定的投资产品；而对于年轻投资者来说，他们可能更愿意承担一定的风险以追求更高的收益，因此可以选择一些成长性较好的股票或基金进行投资。

在养老金投资中，股票、债券和基金是三种常见的金融产品。它们各自具有不同的特点和风险收益特征，我们可以根据自己的需求和市场情况来选择合适的产品进行投资。股票是一种高风险高收益的金融产品，它具有流动性强、成长潜力大等特点。在养老金投资中，我们可以选择那些业绩稳定、估值合理、具有长期投资价值的蓝筹股或成长股进行投资，这些股票有望在未来实现稳定的增长并为我们的养老金带来可观的回报。债券则是一种相对稳健的金融产品，它具有固定收益、风险较低等特点。在养老金投资中，我们可以选择那些信誉良好、现金流稳定的企业债券或政府债券进行投资，这些债券有望在未来实现稳定的回报并为我们提供一定的安全保障。基金则是一种集合投资的方式，它通过将资金投入多种资产实现风险的分散和收益的最大化。在养老金投资中，我们可以选择那些业绩优秀、管理团队经验丰富、投资策略清晰的股票型基金、债券型基金或混合型基金进行投资，这些基金有望在未来实现稳定的增长并为我们带来可观的回报。

在养老金投资中，我们需要不断学习财经知识、关注市场动态、提高自己的金融素养和投资能力，只有这样我们才能更好地应对市场的挑战、把握投资机会并实现财富的稳健增长。持续学习不仅包括阅读相关书籍、参加培训课程等方式，还包括关注财经新闻、参与投资交流等方式。通过这些方式，我们可以及时了解市场动态和政策变化，以便及时调整投资策略。同时，我们还可以与其他投资者交流心得和经验，以便更好地应对市场的挑战。在养老金投资领域，知识就是力量，只有不断学习才能让我们在投资的道路上走得更远、更稳。

综上所述，养老金的投资策略是一个复杂而重要的话题。我们需要树立长期投资的理念，注重分散投资的价值，关注企业的长期价值，定期审视和调整投资组合，以适应市场变化和个人需求。同时，我们还需要根据自己的情况制订个性化的投资计划，选择合适的金融产品进行投资，并持续学习提高自己的金融素养和投资能力，只有这样我们才能在养老金投资中实现财富的稳健增长并为未来的生活提供坚实的保障。

医养结合模式

医养结合（郭东大夫等人于2005年在《国际医药卫生导报》上首次提出）新模式，是我近年来一直深入思考并积极倡导的一个理念。随着人口老龄化的不断加剧，传统的养老模式逐渐显露出其局限性，仿佛一台老旧的机器难以应对日益增长的老年人健康和生活需求的挑战。作为长期关注老龄化社会问题的金融研究者，我们深切地感受到医养结合模式的重要性和迫切性。医养结合模式不仅仅是一种服务模式的创新，更是对老年人尊严和生活质量的深刻关怀。

近年来，中国的老年人口数量迅速攀升，人口老龄化程度日益加深，仿佛一股不可阻挡的潮流。根据国家统计局数据统计，截至2023年底，全国60岁及以上老年人口已超过2.8亿人，占总人口的19.8%。这是一个庞大的群体，他们的健康和生活需求日益多样化和复杂化，需要用心去关注和解决。

然而，传统的养老模式往往只注重生活照料，忽视了老年人的医疗健康需求。传统的养老院虽然能提供基本的食宿，却难以满足老年人对医疗服务的渴望。因此，医养结合模式的出现，如同一缕温暖的阳光，将照亮老年人的生活。

医养结合模式，简而言之就是将医疗和养老资源有机结合，为老年人提供包括疾病预防、治疗、康复护理、健康管理等在内的全方位服务。医养结合模式像一座桥梁，连接了医疗和养老两个原本孤立的领域，让老年人在享受养老服务的同时，也能享受到专业的医疗照护。这种模式不仅提高了老年人的生活质量，还大大减轻了家庭和社会的养老负担。

对于医养结合的核心理念，我们将其概括为医疗与护理一体化、社区化服务、个性化健康管理。这三大核心理念如同三根支柱，支撑着医养结合模式的稳健前行。

医疗与护理一体化，这一理念强调将医疗服务延伸至养老机构，让老年人在养老的同时也能享受到专业的医疗照护。想象一下，在养老院内，如果设置了医疗点，医生和护理人员随时待命，就能为老年人提供及时有效的诊疗和康复护理。这种一体化服务不但提高了老年人的就医便利性，还让养老机构焕发出了新的生机和活力。例如，北京某医院特别设立的医养结合养老科就是这一理念的生动实践，老年人在这里可以得到全面、系统、专业的照护服务。

社区化服务，则是通过建立社区卫生服务中心和家庭医生团队，将医疗护理服务送到老年人的家门口。这种服务模式不仅提高了医疗资源的利用效率，还增强了老年人的健康管理和疾病预防意识。家庭医生团队如同老年人的贴身保镖，定期上门为他们进行健康检查、慢性病管理等服务，确保老年人在家中也能享受到专业的医疗照护。这种服务模式让医疗和养老更加贴近老年人的生活，让他们感受到了社会的温暖和关怀。

个性化健康管理，则是利用智能设备和大数据分析技术，为老年人量身定制健康管理方案。通过智能穿戴设备实时监测老年人的生理指标，如心率、血压、血糖等，一旦发现异常立即通知医护人员进行处理。这种个性化健康管理不仅提高了老年人的生活质量，还降低了医疗风险。想象一下，当老年人佩戴着智能手环，他们的健康状况就能被实时监测和预警。

然而，如果要实现医养结合模式的有效落地，我们还需要采取一系列具体的实施路径。

医疗资源嵌入养老机构，这是最直接有效的实施路径之一。通过在养老院内设置医疗点，配备医生和护理人员，实现随时诊疗和康复护理。这种嵌入式的医疗资源不仅提高了老年人的就医便利性，还让养老机构具备了更强的综合服务能力。以前述北京某医院为例，他们通过设立医养结合养老科，为老年人提供了全面、专业的照护服务，成为医养结合的典范。

构建医养联合体，则是另一种重要的实施路径。养老机构与医院合作，建立双向转诊机制，确保老年人在养老和医疗之间能够无缝衔接。通过这种机制，养老机构可以为老年人提供初步的医疗照护和康复服务，一旦病情有变化，可以及时转诊到医院接受进一步治疗。这种合作模式不仅提高了医疗资源的利用效率，还确保了老年人在不同服务机构之间能够顺畅转移。例如，重庆某老年护养中心与重庆某三甲医院的紧密合作，就是这一路径的成功实践。

对于偏远地区的老年人来说，远程医疗技术则是实现医养结合的重要手段。通过互联网医疗平台，老年人可以在家中接受医生的在线咨询和诊疗服务。这种服务模式打破了地域限制，让医疗资源得以更加均衡地分布。例如，青岛某医院利用远程医疗技术为偏远地区的老年人提供在线诊疗服务，就是这一技术的生动应用。它不但有效缓解了当地医疗资源不足的问题，还让老年人感受到了科技的温暖和便利。

在探索医养结合模式的道路上，国内外已经涌现出了许多成功案例，而这些案例如同璀璨的星辰照亮了我们前行的道路。

在国内，多个省份推出了"医养结合示范工程"，在社区层面整合养老与医疗资源，取得了显著成效。例如，临沂市某镇通过打造镇康养中心，实现了医疗康护、疾病预防与养老深度融合的一体化服务。该中心不仅为老年人提供了全面的医疗和养老服务，还通过中医特色、康复护理等特色护理项目提高了老年人的生活质量。这种社区化的医养结合模式，让老年人在家门口就能享受到专业的医疗和养老服务，真正实现了"老有所养、老有所医"。

在国际上，日本的"复合型养老社区"模式则是医养结合的典范。这种社区以医疗护理和日常照护无缝对接为特点，为老年人提供了高质量的生活。日本的"介护保险制度"更是为老年人提供了全面的医疗和护理服务，确保了他们在养老过程中的健康和幸福。这种制度化的医养结合模式，不仅让老年人得到了专业的照护，还减轻了家庭和社会的负担，为我们提供了宝贵的借鉴经验。

然而，尽管医养结合模式具有诸多优势，但在推广过程中仍面临不少挑战。

医疗资源不足是制约医养结合发展的首要问题。随着老年人口的增长，医疗资源不足的问题日益凸显。为了解决这一问题，我们需要加强政策支持和财政补贴，吸引更多医疗资源向养老领域倾斜。政府可以通过设立专项基金、提供税收优惠等方式鼓励医疗机构和养老机构合作发展医养结合服务。同时，我们还需要加强医疗人才的培养和引进，提高医疗服务的整体水平。

专业人才缺乏也是制约医养结合发展的一个重要因素。医养结合服务需要既懂医疗又懂护理的复合型人才，但目前这类人才严重匮乏。为了解决这一问题，我们需要建立医养结合相关专业的教育和培训体系，培养更多具备专业技能和职业素养的人才。医学类高校可以增设医养结合相关专业和课程，加强实践教学和实习培训，提高毕业生的综合素质和就业能力。同时，我们还可以通过职业培训、继续教育等方式提升现有从业人员的专业技能和服务水平。

服务体系协调性不足也是制约医养结合发展的一个亟待解决的问题。在医养结合服务的发展过程中，不同部门和服务机构之间的协调性不足，往往导致服务效率低下、资源浪费等问题。为了加强服务体系的协调性，我们需要加强政府主导作用，完善相关法律法规和行业标准，确保各部门和服务机构之间的有效沟通和协作。政府可以建立医养结合工作协调机制和督导考核机制，定期对服务机构进行评估和监管，确保其服务质量和安全水平。同时，我们还可以通过信息化手段实现服务流程的优化和资源的共享，提高服务效率和质量。

因此，我们满怀信心地期待着医养结合模式在更多领域实现突破。随着技术的进步和社会需求的增加，我们将迎来一个更加智能化、精细化的医养结合时代。

人工智能的应用将为医养结合注入新的活力。通过人工智能技术，我们可以实现对老年人健康状况的实时监测和预警。正如前所述，智能穿戴设备将如同老年人的贴身健康顾问，可以实时监测他们的生理指标，一旦发现异常立即通知医护人员进行处理。同时，人工智能还可以为老年人提供个性化的健康管理方案，根据他们的身体状况和生活习惯制定合适的饮食、运动等建议。这种智能化的健康管理方式不仅提高了老年人的生活质量，而且降低了医疗风险。

物联网技术的融合将使医养结合更加高效便捷。物联网技术可以将各种医疗设备和养老设施连接起来，实现数据的共享和交互。在养老机构中安装智能床垫、智能药箱等设备，可以实时监测老年人的睡眠质量和用药情况，为医护人员提供准确的诊断依据和治疗方案。同时，物联网技术还可以实现医疗资源的优化配置和高效利用，提高服务效率和质量。想象一下，当医疗设备和养老设施都通过物联网连接起来形成一个庞大的智慧养老网络，老年人的生活将变得更加便捷和美好。

总而言之，医养结合模式是应对人口老龄化挑战的重要途径。通过整合医疗和养老资源，提供全方位的生活保障与健康支持，我们可以为老年人创造更加幸福、健康的晚年生活。同时，我们也需要关注实施过程中面临的挑战和问题，积极寻求解决方案和创新路径，推动医养结合服务的高质量发展。

养老社区的金融模式

在深入探讨养老这一关乎社会福祉与家庭安宁的重大议题时，我们不得不直面一个日益凸显的核心挑战：如何为数量庞大且不断增长的老年人群，提供既能符合其身心健康需求，又能确保生活品质与尊严的养老解决方案？养老社区的兴起，正是对这一问题的积极回应。实际上，养老社区背后的金融模式，不仅是破解资金瓶颈的关键钥匙，更是驱动整个养老行业迈向可持续健康发展轨道的核心引擎。

随着全球范围内人口老龄化趋势的加速推进，传统的家庭养老模式逐渐显露出其力不从心的一面。子女忙于工作，无暇顾及老人的全方位照顾，而单纯的机构养老又往往因缺乏足够的人文关怀与个性化服务而饱受社会各界的诟病。正是在这样的背景下，养老社区作为一种集居住、医疗、娱乐、社交等多功能于一体的新型养老模式应运而生，并在全球范围内迅速推广开来。养老社区不仅精准对接了老年人对健康护理、精神慰藉及生活品质的高标准需求，更通过一系列匠心独运的金融模式设计，巧妙地化解了建设与运营过程中的资金难题，实现了经济效益与社会效益的双重丰收。

在养老社区的金融运作体系中，会员制与预付款模式无疑是最为直观且也最易于被大众所接受的一种。老年人通过一次性支付一笔相对可观的预付款，即可获得养老社区的长期居住权，并在此基础上按月缴纳一定的服务费用以保障养老社区的日常运营与维护。这笔预付款，自然而然地成为养老社区初期建设的重要资金来源，而月度服务费的持续流入则确保了养老社区日常运营现金流的稳定。这种模式的巧妙之处在于，它既减轻了老年人一次性承担高额养老费用的经济压力，又为养老社区提供了持续、稳定的资金流，从而使老年人与社区共同实现双赢。

然而，金融模式的创新之路并未就此止步。保险与养老社区的深度融合，无疑为养老行业注入了新的活力与可能性。商业保险公司与养老社区携手并进，共同推出了一系列与养老社区服务紧密结合的长期护理保险产品。保单持有人在需要时，可以优先选择入住合作的养老社区，享受专业、全面的护理服务。更为重要的是，保险金可以直接用于支付养老社区的服务费用，从而极大地减轻了老年人及其家庭的经济负担。这种模式的出现，不仅极大地丰富了保险产品的内涵与外延，而且为养老社区带来了更为稳定、高质量的客源与收入来源，促进了双方的共同发展。

当然，我们也必须清醒地认识到，养老社区的建设与运营绝非易事，而单一的资金来源往往难以支撑起整个项目的长期发展与持续升级。因此，PPP（Public － Private － Partnership）融资模式（公共政府部门与民营企业合作模式）应运而生，成为解决养老社区资金难题的又一利器。这样，政府与企业强强联合，共同投资建设养老社区。其中，政府充分发挥其在政策制定、资源整合等方面的优势，提供土地、税收优惠等政策支持；企业则利用其市场化运作的经验与优势，负责养老社区的具体运营与管理。这种模式的推行，不仅有效降低了企业的投资风险，还通过政府的参与和监管，确保了养老社区服务的普惠性和公益性，使得更多老年人能够享受到高品质、可负担的养老服务。

值得一提的是，房地产信托基金（Real Estate Investment Trusts，REITs）在养老社区金融模式中的应用，无疑是一个引人注目的亮点。通过将养老社区的房地产资产进行证券化处理，REITs 为投资者开辟了一条参与养老社区建设的新路径。投资者以购买信托份额的方式，间接投资养老社区的建设与发展，并从养老社区的租金收入中获得稳定的回报。这种模式的创新之处在于，它不仅为养老社区提供了额外的资金来源，还通过资本市场的运作机制提高了资金的使用效率与灵活性，实现了资源的优化配置与高效利用。

那么，这些金融模式究竟为养老社区带来了哪些显著的优势呢？具体优势主要体现在以下几个方面：

一是资源的高效配置是毋庸置疑的。通过多样化的金融工具与融资渠道，养老社区降低了对单一资金来源的过度依赖，从而提高了资金使用的灵活性与效率。这不仅有助于社区快速响应市场需求，还能在必要时进行及时的升级与改造，提升服务质量与居住体验。

二是长远运营保障也是这些金融模式的一大亮点。月度收费模式确保了养老社区现金流的稳定与可持续，为养老社区的长期运营提供了坚实的经济基础。同时，这也增强了投资者对养老社区的信心与预期，吸引了更多资本的关注与投入。

三是多元化服务也是养老社区金融模式不可或缺的一部分。通过整合保险、医疗、健康管理等多种服务资源，养老社区能够提供更全面、更个性化的服务方案，满足老年人多样化的需求与期望。

然而，任何事物的发展都伴随着挑战与风险。养老社区的金融模式在具有诸多优势的同时，也面临着一些不容忽视的问题与挑战。

法律与监管的缺失或不完善是首要问题。养老社区的金融模式涉及土地使用、资金运作、老年人权益保护等多个复杂领域，需要一套完善、严谨的法律法规体系来予以规范与保障。在现实中，与之相应的相关法律法规还存在着空白或模糊地带，这无疑增加了养老社区运营的法律风险与不确定性。因此，政府应尽快出台相关法律法规，明确各方权责与义务，为养老社区的健康发展提供坚实的法律支撑与保障。

市场接受度也是养老社区金融模式面临的一大考验。尽管养老社区模式在部分地区已经得到了广泛的认可与推广，但在其他一些地区或文化背景下的接受度与认可度仍有待提高，如部分居民对养老社区模式缺乏深入的了解与认识，对其存在疑虑或偏见。因此，养老社区运营者需要加大宣传与推广力度，通过举办讲座、开放日等活动，提高公众对养老社区模式的认知度与接受度。同时，通过提供优质的服务与完善的配套设施，赢得居民的信任与口碑，树立良好的品牌形象。

此外，资金回报周期长也是养老社区金融模式需要直面的一大挑战。养老社区的建设与运营需要巨额的资金投入，且回报周期往往较长，这就要求投资者具备足够的耐心与风险承受能力，能够长期持有并等待回报。同时，养老社区运营者也需要制定科学合理的风险管理方案与投资策略，确保资金的安全与稳定回报，这不仅需要掌握专业的金融知识与经验，还需要有对养老行业的深入洞察与理解。

那么，对于普通人而言，养老社区的金融模式又意味着什么呢？它至少带来了以下几个方面的深远影响：首先，它为我们提供了更为灵活多样的养老方式选择。通过购买相关保险产品或直接投资养老社区，我们可以根据自己的经济状况、生活习惯与偏好来规划晚年生活，实现个性化、定制化的养老需求。其次，它为我们开辟了一个资产保值增值的新渠道。投资养老社区相关的REITs或保险产品，不仅可以为晚年生活提供经济上的保障与支撑，还能获得相对稳定的收益与回报。这对于追求资产安全与增值的投资者来说，无疑是一个具有吸引力的选择。最后，通过金融模式的创新与融合，养老社区能够提供更高质量、更全面的健康护理、文化活动与心理支持服务。这些服务不仅可以丰富我们的晚年生活，提高了我们的生活质量与幸福感，还让我们在享受养老服务的同时感受到社会的温暖与关怀。

随着金融市场的不断成熟与创新，老年人需求的日益多样化与个性化，以及政府政策的持续支持与引导，养老社区将迎来更为广阔的发展前景与市场空间。政府可继续加大对养老社区的支持力度，出台更多优惠政策与激励措施，鼓励更多企业、社会资本与个人参与养老社区的建设与运营。同时，随着金融科技的飞速发展与应用，养老社区的金融模式也将更加多样化、灵活化与智能化。新的金融工具、融资方式与风险管理策略将不断涌现，为养老社区的发展提供更为强大、全面的支持与保障。

此外，技术的赋能也将为养老社区的发展带来前所未有的机遇与变革。大数据、人工智能、物联网等先进技术的广泛应用，将使得养老社区的服务更加精准、高效与个性化。通过收集、分析老年人的生活习惯、健康状况与兴趣爱好等数据，养老社区能够为其提供更加贴心、周到的服务与支持。同时，技术的进步也将极大地降低养老社区的运营成本与风险，提高其经济效益与社会效益，这将有助于推动养老社区的可持续发展与广泛普及，让更多人享受到高品质、可负担的养老服务。

总而言之，养老社区的金融模式作为连接资金与服务、需求与供给的重要桥梁和纽带，正以其独特的魅力和潜力吸引着越来越多的关注与投入。随着政策的持续支持、金融的不断创新和技术的全面赋能，养老社区将迎来更加美好的明天，而我们每一个人也将从中受益匪浅，并享受到更加幸福、安康和有尊严的晚年生活。

"中年危机"如何应对"养老危机"？

步入中年后，我们和周遭的许多同龄人一样，仿佛站在了人生的十字路口，面临着事业、家庭、健康等多维度的挑战。但更为关键的是，中年时期也是为养老进行储备的黄金时期。

如果在这一阶段未能做出恰当的规划与应对，那么未来的"养老危机"很可能会如影随形、悄然而至。因此，我们有必要凭借自身的金融智慧与前瞻性的规划来巧妙地化解"中年危机"，同时为未来悠长的晚年生活筑起一道坚实的保障。

"中年危机"与"养老危机"之间存在着千丝万缕的联系，其核心本质在于财务规划的合理性与风险管理的有效性。中年时期，我们的收入虽然相较于青年时期有了显著的提升，趋于稳定，但与之相对应的是支出也在不断地增加。同时，事业上的瓶颈可能导致收入增长的速度放缓，甚至出现停滞；子女教育更是一项长期且重大的投资，需要持续不断地投入；随着父母年龄的增长，他们的赡养问题也逐渐凸显出来。更为严峻的是，随着自身年龄的增长，我们的身体状况也开始走下坡路，医疗保健方面的支出也随之增加。在这一系列因素的共同作用下，如果我们未能做好财务规划与风险管理，那么到了老年时期就很可能会面临资金短缺、生活质量大幅下降等棘手问题。

那么，究竟该如何应对"中年危机"，从而有效地避免"养老危机"呢？以下是我结合自身多年的经历与观察，总结出的一些切实可行的实际操作建议。

首先，我们需要重新审视并调整自己的财务结构。这主要涉及两个层面：一是精减支出，二是优化负债。

在精减支出方面，我建议大家要深入剖析自己的家庭预算，逐一审视每一项开支，找出那些并非必需的或者可以削减的支出项目。例如，我们可以适当减少外出就餐的频率，转而选择更加经济实惠的家庭烹饪；在购物时，我们也可以更加注重性价比，避免盲目追求品牌或潮流，甚至还可以通过二手市场或闲置交易平台来购置一些性价比高的日常用品。通过这些方式，我们就能够将原本被浪费掉的资源节省下来，转而投向储蓄与投资领域，为未来的养老生活奠定更加坚实的基础。

在优化负债方面，我们则需要更加谨慎与理智。对于那些高利率的债务，如信用卡欠款、高利贷等，我们应当优先进行偿还。这类债务不仅会给我们的财务带来沉重的压力，还可能导致我们陷入恶性循环之中无法自拔。因此，我们应当尽可能地提前还款，或者通过一些金融工具来降低利率，从而减轻自身的财务负担。同时，我们也要时刻保持警惕，避免过度借贷或盲目投资，以免陷入更深的债务危机之中。

除了重新审视并调整财务结构，构建多元化的收入来源也是应对"中年危机"的重要策略之一。在主职工作所带来的稳定收入外，我们还可以通过投资理财来增加额外的收入。在选择金融产品时，建议大家要充分考虑自己的风险承受能力，选择那些风险适中、收益相对稳定的产品。例如，指数基金、稳健型的理财产品等都是不错的选择，这些产品虽然相较于股票、期货等高风险产品而言，收益可能相对较低，但风险也相应地降低了许多，更加适合中年人的投资需求。当然，投资理财并非一蹴而就的事情，需要我们不断地学习、积累与实践，如通过阅读相关书籍、参加培训课程、向专业人士请教等方式，以不断提升自己的理财能力与投资水平。

此外，我们还可以充分利用自己的技能或兴趣爱好来发展第二职业或副业。例如，如果你擅长写作或翻译，可以通过网络平台发表文章、接翻译任务来赚取稿费；如果你对摄影有着浓厚的兴趣与独到的见解，可以通过拍摄照片、制作视频来赚取外快；你还可以利用自己的专业知识与经验，为身边的人提供咨询服务或培训服务。这些副业或第二职业不仅可以为我们带来额外的收入，还能够让我们在忙碌的工作之余找到一些乐趣与成就感，同时也有助于我们拓展人脉与资源，为未来的职业发展打下更加坚实的基础。

其次，在强化养老金储备方面，我们同样不能掉以轻心。企业年金与商业养老保险是提升退休后收入保障的重要途径。如果企业提供了年金计划，我们一定要积极参与并充分利用这一福利政策，因为企业年金不仅可以在我们退休后提供稳定的收入来源，还可以在一定程度上帮助我们抵御通货膨胀的风险。同时，我们也可以根据自己的经济状况与养老需求购买一些商业养老保险产品，这些保险产品通常具有较长的保障期限和稳定的收益回报，可以在我们退休后提供持续的经济支持。

当然，个人养老金账户也是一个值得考虑的选择。我们可以通过定期向养老金账户储蓄来积累长期的财富，同时政府也会对这一项目给予一定的政策优惠与支持，如税收优惠、补贴等。这样，不仅可以为我们未来的养老生活提供更加有力的保障，还可以让我们享受到政府提供的福利政策与红利。

在增强抗风险能力方面，我们同样需要下足功夫。我们可以通过完善自己的保险配置来降低重大疾病或意外事故对家庭财务的冲击，如购买健康保险、意外险、重疾险等保险产品可以让我们在面对疾病或意外时更加从容不迫、游刃有余。这些保险产品不仅可以为我们提供必要的医疗费用和救援服务，还可以在一定程度上减轻我们的经济负担和精神压力。同时，我们也要时刻保持警惕，关注自己的身体状况和周围环境的变化，及时采取措施来防范潜在的风险与隐患。

此外，建立紧急备用金也是增强抗风险能力的重要举措之一。一般来说，紧急备用金应该相当于我们3—6个月的生活费用。这样即使遇到突发事件如失业、疾病等意外情况，我们也能够从容应对、妥善处理，不会因为资金短缺而陷入困境或手足无措。同时，我们也要定期审视并更新自己的紧急备用金计划，确保其能够始终满足我们的实际需求与风险承受能力。

在实现长期规划的思路方面，我们需要设定清晰明确的目标，并为不同阶段设立具体可行的储蓄与投资目标。这些目标应该既符合我们的实际情况与风险承受能力，又具有一定的挑战性与激励作用，因为只有这样我们才能够始终保持前进的动力与信心，不断向着自己的目标迈进。同时，我们也要定期评估并调整这些目标，以确保它们能够始终与我们的实际情况和市场环境相适应。

持续学习理财知识也是实现长期规划的重要一环。我们可以通过阅读相关书籍、参加培训课程或研讨会、关注财经新闻或专业网站等方式来不断提升自己的理财能力与投资水平。这样，我们才能够更好地把握市场机遇与风险，做出更加明智的投资决策与财务规划。同时，我们也要时刻保持谦逊与开放的心态，愿意向他人学习并借鉴他们的成功经验。

最后，家庭协作也是化解"中年危机"并避免"养老危机"不可或缺的一环。我们需要与配偶共同规划财务目标，确保双方的意见与行动能够保持一致与协调。同时，我们也要与子女沟通未来教育及赡养责任的问题，让他们了解我们的计划与期望，并鼓励他们积极参与家庭财务规划。这样，我们才能够共同为家庭的未来努力奋斗，实现更加美好的生活与愿景。

接下来，通过分享两个成功的案例，进一步阐述如何通过上述策略来化解"中年危机"并避免"养老危机"。

案例1是一位40岁的白领张先生的故事。张先生深知"中年危机"与"养老危机"的紧迫性，因此他决定采取积极的行动来应对。

他每个月都会仔细分析自己的家庭预算，找出那些不必要的开支并坚决削减。同时，他还将节省下来的资金用于定投基金，选择了风险适中的指数基金作为投资对象。经过十年的坚持与努力，张先生在50岁时已经积累了一笔可观的养老金，足以保障他退休后的生活品质与尊严。这个案例告诉我们，通过精减支出与定投基金的方式，我们可以为未来的养老生活提供有力的保障与支撑。

案例2是一对夫妻李先生和王女士的传奇经历。他们在中年时期就开始关注房地产市场，并敏锐地捕捉到了其中的投资机会。他们选择了几个具有发展潜力的区域进行物业投资，购置了几套房产用于出租。每个月稳定的租金收入不仅给他们的家庭带来了额外的经济来源，也为他们的退休生活提供了坚实的保障。退休后，他们依靠这些租金收入过上了安逸舒适的生活，无须为经济问题而担忧或烦恼。这个案例告诉我们，通过购置租赁物业的方式，我们可以建立稳定的被动收入来源，为未来的养老生活提供更多的保障与选择。

当然，未来的道路既充满了挑战也孕育着无限的机遇，虽然中年时期我们面临着重重的压力与考验，但这也是我们重新布局未来生活、实现人生价值的最佳时机。因此，我们可以通过合理的金融规划与主动的风险管理来化解当下的危机与困境，并为晚年的幸福生活打下坚实而稳固的基础。同时，我们也要保持敏锐的市场洞察力与敏锐的嗅觉，紧紧抓住每一个机遇与挑战，不断学习与进步，才能在这个瞬息万变、竞争激烈的市场中立于不败之地。

低生育率会带来什么影响？

低生育率会带来什么影响？这是一个值得深思的问题。在当今这个全球化的时代，低生育率已经成为许多国家和地区不得不面对的重大挑战。作为一名长期浸淫于人口问题与社会经济发展交织领域的研究者，我对此有着深刻的感悟和独到的见解。低生育率，这个看似简单的概念背后，实则隐藏着对社会、经济、文化乃至每一个家庭深远而复杂的影响，它不仅关乎每一个个体的幸福与未来，更是与整个社会的经济增长、稳定以及文化传承息息相关。在此，我将结合自己的研究经历与观察去分析低生育率可能带来的多方面影响，并提出一些应对策略与建议，希望能够为读者提供一些有价值的思考。

低生育率会直接导致人口结构的变化，尤其是在人口老龄化加速的时期。这是一个不可忽视的现象，当年轻人口比例逐渐下降，而老年人口比例却如潮水般上升时，社会的整体年龄结构就发生了翻天覆地的变化。这种变化绝不仅仅是数字上的增减那么简单，它深刻地影响着社会的每一个角落、每一个层面，而老年人口的增加意味着养老金支付和医疗保障系统将承受前所未有的压力。想象一下，随着老年人口比例的持续上升，养老金的支付额将如滚雪球般不断增加，而缴纳养老金的劳动力却在逐渐减少，这无疑给养老金系统带来前所未有的挑战，甚至可能引发一场养老金危机。同时，老年人口的医疗需求也在不断增加，他们对医疗资源的需求远高于年轻人，医疗保障系统需要投入更多的资源，以满足这部分人群的医疗需求，这无疑加大了医疗系统的负担。

与人口老龄化相伴而来的是劳动力的短缺，这是一个更为棘手的问题。低生育率导致工作年龄人口减少，致使许多行业特别是那些对劳动力需求旺盛的制造业和服务业，面临着招工难、用工贵的困境。劳动力作为经济增长的重要驱动力，它的短缺不仅会影响生产效率，还可能导致劳动力成本的上升，进而影响企业的盈利能力和市场竞争力。例如，以制造业为主的国家，劳动力短缺的问题将尤为突出，许多企业会因为招不到足够的工人而不得不缩减生产规模，甚至有的企业因此而倒闭，这不仅影响了企业的正常运营，还可能对整个产业链造成冲击并引发一系列连锁反应。

低生育率还会导致消费结构的改变，这是一个常常被忽视但极为重要的影响。随着老年人口比例的增加，他们的消费需求在整体消费中的占比也会逐渐上升。老年人的消费需求与年轻人有着显著的差异，他们可能更注重健康、养生和医疗服务等方面的消费，而对时尚、娱乐等消费的兴趣相对较低。这种消费结构的变化，可能会导致整体消费能力的下降，进而抑制经济的活力。老年人的消费习惯往往更加保守，他们更倾向于储蓄而非消费，这可能会降低社会的整体消费水平。同时，老年人对新产品、新技术的接受程度相对较低，这也可能在一定程度上影响科技创新和市场拓展，因为新产品的推广和新技术的普及往往需要年轻消费者的支持和推动。

　　低生育率对家庭的影响同样不容忽视，甚至可以说更为直接和深刻。随着子女数量的减少，独生子女家庭需要同时赡养父母和祖父母，家庭经济负担明显加重。这种养老压力，不仅会影响家庭的生活质量，还可能对子女的职业发展产生负面影响。为了减轻养老压力，一些家庭可能会选择减少生育，甚至放弃生育，从而形成恶性循环。这种恶性循环一旦形成将极难打破，因为它不仅影响了家庭的生育决策，还影响了社会的整体生育率。此外，随着子女数量的减少，家庭往往更倾向于集中资源在子女教育上，希望他们能够通过教育拥有更好的未来。这种教育投资的升级，虽然在一定程度上提高了子女的受教育水平，但也可能导致教育成本的上升，给家庭带来更大的经济压力。同时，过度关注子女的教育，可能忽视他们的心理健康和全面发展，这对子女的成长和未来的社会发展都是不利的。

　　面对低生育率带来的挑战，我们可以运用金融智慧来应对，这是我在研究中深刻体会到的一点。首先，优化个人财务规划至关重要。我们应该提前储蓄养老金，利用商业养老保险和投资产品来减轻未来的养老压力。通过合理的资产配置和风险管理，我们可以确保养老金的稳健增值，为晚年生活提供有力的经济保障。这一点，我在自己的财务规划中也有着深刻的体会。通过多年的投资和实践，我逐渐建立了一套适合自己的养老投资体系，不仅确保了养老金的稳健增值，还为我晚年的生活提供了丰富的经济来源。同时，我们还可以通过拓展被动收入来源来增加经济保障。例如，通过投资房地产、股票和基金等方式，建立长期稳定的被动收入体系。这些投资不仅可以带来稳定的现金流，还可以在一定程度上抵御通货膨胀的风险，确保我们的财富能够持续增值。

除了个人层面的应对，政策与社会支持同样不可或缺，甚至更为重要。政府可以通过制定鼓励生育的政策来提高人们的生育意愿。例如，增加育儿津贴、延长产假、提供托育服务等措施，可以在一定程度上减轻家庭的生育压力，以提高人们的生育意愿。同时，政府还可以大力发展智能化养老，推动科技在养老服务中的应用。例如，利用机器人护理和远程医疗等技术来缓解人力资源不足的问题，提高养老服务的效率和质量。这不仅可以缓解养老压力，还可以提高老年人的生活质量，让他们能够安享晚年。此外，通过教育和技能培训来提高劳动力质量也是弥补劳动力数量不足的有效途径。通过不断提升劳动者的技能和素质，我们可以提高生产效率和创新能力，从而推动经济的持续增长。这一点对于像中国这样的人口大国来说尤为重要。通过加大教育和技能培训的投入，我们可以培养出一批高素质、高技能的劳动力，为经济的发展提供强大动力。

在研究低生育率的过程中，我们深刻体会到了人口问题与社会经济发展的紧密关系。人口结构的变化不仅影响着经济的增长潜力，更关乎社会的稳定与和谐。因此，我们需要更加重视人口问题，将其纳入国家发展的长远规划之中。同时，我们也意识到应对低生育率需要全社会的共同努力。政府、企业、家庭以及每一个人都应该承担起自己的责任，共同应对这一挑战。政府需要制定科学合理的政策，企业需要调整用人策略，家庭需要合理规划生育和养老，而每一个人都需要关注自己的财务规划和职业发展。

在未来，低生育率可能会持续影响社会的方方面面，但只要我们保持清醒的头脑，采取切实可行的措施，就一定能够缓解其带来的负面影响。首先，作为个人，我们应该提前布局自己的晚年保障，关注下一代的教育与成长。我们需要意识到，养老不仅是政府的责任，更是我们每一个人的责任。通过提前储蓄、合理投资，我们可以为自己的晚年生活提供有力的经济保障。同时，我们也需要关注下一代的教育与成长，为他们创造一个更好的成长环境。其次，作为社会的一员，我们更应该关注人口结构的变化，为政府的政策制定提供有益的建议和支持。我们需要积极参与到社会公益事业，为构建和谐社会贡献自己的力量。在政府、企业、家庭以及每一个人的共同努力下，我相信我们一定能够构建一个更加和谐、稳定、繁荣的社会。

当然，在应对低生育率的挑战中，我们也看到了许多潜力和优势。首先，低生育率为我们提供了反思和改变的机会。通过深入研究低生育率的原因和影响，我们可以更好地了解人口问题与社会经济发展的关系，从而制定更加科学合理的政策。这种反思和改变不仅可以帮助我们应对当前的挑战，还可以为未来的发展奠定坚实的基础。其次，低生育率也促进了社会对于养老、教育等问题的关注和投入。随着老年人口比例的增加，社会对于养老问题的关注度也在不断提高，这不仅推动了养老产业的发展和创新，还促进了社会对于老年人权益的保障和尊重。同时，随着子女数量的减少，家庭对于教育的投入也在不断增加，这不仅提高了子女的受教育水平，还促进了教育产业的快速发展和创新。这种投入和创新，不仅可以为个人的成长和发展提供更好的机会，还可以为社会的进步和发展注入新的活力。

总而言之，低生育率虽然带来了诸多挑战，但它也为我们提供了机遇和动力。通过对低生育率问题的深入研究和积极应对，我相信我们可以缓解其带来的负面影响，使得人口发展走上正常的轨道。

AI科技在养老服务中的应用

AI科技在养老服务中的应用，这是一个我们长期以来一直密切关注的领域。随着时间的流转，全球人口老龄化浪潮不断汹涌澎湃，将我们每一个人都卷入其中。全球对养老服务的需求与日俱增，而传统的服务模式却像一叶扁舟难以承载这庞大群体的多元化、深层次需求。如今，AI的出现给这一需求和行业带来新的曙光。

AI正在悄无声息地渗透到我们生活的每个角落，也为养老服务带来了前所未有的变革，并让老年人的生活更加安全、舒适且丰富多彩。在探讨AI如何为养老服务赋能之前，让我们先回溯一下这一趋势的背景。

全球人口结构的老龄化，是一个无法逆转的趋势，也是一个我们必须面对的现实。随着岁月的流逝，越来越多的国家步入了老龄化社会的行列，养老问题成为各国政府和社会各界共同关注的焦点。传统的养老服务，如人工护理、家庭照顾等，虽然承载着深厚的亲情与关怀，但面对资源有限、效率低下等种种挑战，显得力不从心。AI技术的快速发展，就像一道曙光照亮了这条充满挑战的道路，为我们提供了新的解决思路，也为养老服务注入了新的活力。想象一下，通过智能设备、大数据分析和自动化技术，AI正在逐步渗透到养老服务的每一个环节，从健康监测到日常生活照料，从远程医疗到情感陪伴，无一不彰显着其强大的实力与无限的潜力。

在AI科技赋能养老服务的过程中，智能健康监测无疑是最为引人注目的应用之一，它总是时刻守护着老年人的健康与安全。通过佩戴一款智能手环或胸带，老年人的心率、血压、血氧等关键健康数据就能被实时监测，并上传到云端进行分析。这些数据就像一条条流淌着老年人健康信息的生命之河，而AI系统则像是一位经验丰富的医生时刻关注着这些数据的变化，一旦数据出现异常，如心率过快、血压过高，AI系统会立即发出警报，通知医护人员或家属进行干预。这种技术不仅提高了健康监测的准确性，而且大大缩短了应急响应时间，为老年人的生命安全提供了有力保障。这让老年人不再担心自己的健康问题，因为他们知道有一个强大的AI系统在时刻守护着他们。

除了健康监测，智能家居也在养老服务中发挥着举足轻重的作用。借助传感器和语音助手，老年人可以轻松地控制家里的灯光、温度、安防等设备，甚至通过语音指令完成打电话、发短信等日常操作。这种智能化的生活方式，不仅提高了老年人的生活便利性，还增加了他们的居家安全感。想象一下，当老年人忘记关闭煤气或水龙头时，智能家居系统能够自动检测到并关闭，从而避免潜在的安全隐患。这种无微不至的关怀，让老年人感受到了科技带来的温暖与力量。

在远程医疗与护理方面，AI技术同样展现出了其强大的实力。通过AI分析病历和影像数据，医生可以更加精准地诊断病情，制定个性化的治疗方案。这对于行动不便或居住在偏远地区的老年人来说无疑是一个巨大的福音，他们无须长途跋涉去医院，就能享受到高质量的医疗服务。这种便捷性，不仅节省了老年人的时间和精力，而且降低了医疗成本，提高了医疗资源的利用效率。

与此同时，虚拟护理助手的出现，也为老年人提供了全天候的陪伴和照顾。这些智能助手就像是一位贴心的护士，能够响应老年人的各种需求，如用药提醒、健康咨询、生活照料等。它们不仅能够提醒老年人按时吃药、定时检查身体，还能在老年人需要的时候提供及时的帮助和关怀。这种智能化的陪伴方式，让老年人在家中就能感受到温暖和关怀，不再感到孤独和无助。

情感陪伴与心理支持，是养老服务中最人性化却又最难满足的一环。随着年龄的增长，老年人往往容易感到孤独和寂寞，他们渴望有人陪伴，有人倾听他们的心声。社交机器人，如智能陪伴机器人，正是为了解决这个问题而诞生的。它们通过自然语言处理和情感计算技术，能够与老年人进行流畅的对话和交流，甚至能够感知老年人的情绪变化，给予适当的安慰和鼓励。这种智能化的陪伴方式，不仅缓解了老年人的孤独感，还提升了他们的心理健康水平。

在AI技术应用的养老服务中，有一个让人感动的案例，就是一款智能陪伴机器人的应用。这款机器人通过先进的自然语言处理和情感计算技术，与一位独居老人建立了深厚的情感联系。它不仅陪伴老人度过了许多寂寞的时光，还通过提醒日常任务、播放老人喜欢的音乐等方式，让老人的生活变得更加丰富多彩。试想，一位独居老人与一款智能陪伴机器人建立了深厚的情感联系时，AI技术就不仅仅是一种工具，更是一种能够带来温暖和关爱的力量。它不仅能够陪伴老人聊天、讲故事，还能根据老人的情绪变化调整自己的语气和表情。当老人感到孤独时，它会播放老人喜欢的音乐，讲述老人感兴趣的故事；当老人感到开心时，它会与老人一起分享快乐，让老人的生活充满欢声笑语。因此，智能陪伴机器人让老年人感受到了科技带来的温暖与人文的关怀，也让我们看到了AI技术在养老服务中的无限可能。

此外，AI技术还在养老机构的智能化管理中发挥着重要作用。通过数据驱动的决策方式，AI能够帮助养老机构更加合理地配置资源，如床位管理、护理人员排班等。这种智能化的管理方式，不仅提高了养老机构的运营效率，还降低了运营成本。同时，风险预警系统的建立，也让养老机构能够提前预测并应对潜在的健康风险，从而确保老年人的安全与健康。这种前瞻性的管理方式，让养老机构能够更加从容地面对各种挑战和变化。

在应用实例与实践方面，我们有许多深刻的印象和感悟。例如，某智能养老社区，通过引入AI健康监测平台，实现了对老年人全天候的健康管理。这个平台，不仅能够实时监测老年人的生理指标，还能根据数据变化给出健康建议和生活指导。在这个社区里，老年人不再需要担心自己的健康问题，因为有一个强大的AI系统在时刻守护着他们。这种全方位的健康管理，让老年人的生活更加安心和舒适。

当然，AI科技在养老服务中的应用也面临着一些挑战。例如，部分老年人对智能设备的使用存在技术障碍，这需要我们加强技术培训和指导。同时，健康数据的存储和共享也涉及隐私保护问题，需要我们建立更加完善的数据安全机制。这些挑战就像一道道坎横在AI科技与养老服务之间，但随着技术的不断进步和应用的不断深入，这些挑战终将被克服，因为科技的力量是无穷的，而人类的智慧也是无限的。

因此，我们希望看到技术的普惠性得到进一步提升，通过降低成本、优化服务，让更多普通家庭也能享受到智能养老的便利和舒适；我期待着人机协作的最佳模式被探索出来，AI与人类护理人员之间的紧密合作将能够发挥各自的优势，提升养老服务的整体水平；我相信在AI科技的推动下，养老产业将迎来一场深刻的转型升级，为老年人创造一个更加美好、更加幸福的晚年生活。

为此，我们想象着未来的养老场景：老年人佩戴着智能设备，在家中就能享受到全方位的健康监测和医疗服务；智能家居系统根据老年人的需求自动调节环境，让他们的生活更加舒适和便捷；社交机器人陪伴在老年人身边，与他们聊天、讲故事、分享快乐；养老机构通过智能化管理，提供更加高效、优质的服务……这一切的一切，都让人们感到无比的兴奋和期待。

当然，AI科技在养老服务中的应用，不仅仅是一项技术的进步，更是一次社会的变革。它让老年人感受到了科技的温暖与关怀，也让我们看到了科技在解决社会问题中的巨大潜力。作为研究者，我们将继续关注这一领域的发展动态，为推动AI科技与养老服务的深度融合贡献自己的力量。同时，我们也呼吁社会各界共同关注和支持这一领域的创新与发展，让科技的力量真正惠及每一位老年人，让他们在晚年生活中感受到更多的幸福与温暖，因为我们每一个人都有老去的一天，而科技的进步就是为了让我们在未来的日子里能够过得更加美好、更加有尊严。

工具与资源：

应用：理财魔方、健康中国、小米智能家庭

书籍：《医养结合实践指南》《低生育率社会的挑战与应对》

网站：国家卫生健康委员会官网、中国 REITs 网、中国 AI 网

学习平台：中国养老产业网、北京大学光华管理学院在线课程、Coursera（人工智能与机器学习课程）

第五章

健康管理中的金融奥秘

健康投资的金融价值

在人生的漫长旅途中，我们总是在不断地追寻着财富与幸福的踪迹，却往往容易忽视那个最为关键、最为基础的支撑点——健康。健康与财富，实则如影随形、密不可分。这里，我们将与大家深入探讨一个或许并不那么显眼但意义深远的话题——健康投资的金融价值。

健康，这个看似虚无缥缈却又实实在在影响着我们每一个人的宝贵资产，其实与我们的财务状况紧密相连、息息相关。试想，如果一个人长期被疾病所困扰，他不仅需要承受那高昂得令人咋舌的医疗费用，还可能因为身体状况的每况愈下而影响到工作效率和表现，甚至最终失去那份赖以生存的工作机会。这样的例子在我们身边屡见不鲜，每一次都让人扼腕叹息。反之，一个拥有健康体魄的人，能够尽情享受生活的美好与乐趣，以最佳的状态投入工作与事业中，不断创造价值，实现自我超越。因此，将健康视为一种投资，不仅是对自己生命的尊重与负责，更是对家庭和社会未来的长远规划与贡献。

那么，当我们谈及健康投资时，究竟包含了哪些具体而实在的内容呢？这里，我们将与大家分享几个至关重要的领域。

首先，预防性医疗无疑是健康投资中不可或缺的一环。定期体检与早期疾病筛查，就如同为我们的身体筑起了一道坚实的防线，能够及时发现并处理那些潜在的健康隐患，从而有效避免病情恶化所带来的沉重治疗负担。记得有一年，笔者因为工作繁忙到几乎喘不过气来，忽略了年度体检这一重要环节，结果一年之后一次突如其来的身体不适让我措手不及，最终被检查出患有一种慢性病。那一刻，笔者深刻体会到了预防性医疗的至关重要性。自那以后，无论多忙都会坚持每年进行全面的身体检查，以确保身体状况始终在自己的掌控之中。

除了预防性医疗，投资疫苗与免疫计划同样是一项明智而必要的决策。疫苗，作为预防传染病最为有效、最为经济的方法，其重要性不言而喻。根据世界卫生组织（World Health Organization，WHO，简称世卫组织）的权威统计，疫苗每年都能够挽救数以百万计的生命，并有效防止数以亿计的人免受疾病的侵袭。对于个人而言，接种疫苗不仅是对自己生命安全的负责，更是对周围亲人、朋友乃至整个社会的保护。例如，在童年时，父母总是按时按点地带我们去接种各类疫苗，而那时的我们或许并不完全理解这一行为背后的深远意义。然而，随着年龄的增长与阅历的丰富，我们会越发感激父母当年的那份坚持与远见，因为正是这些看似微不足道却至关重要的预防措施，让我们在成长的道路上避免了无数潜在的疾病风险，为我们铺设了一条健康的人生之路。

当然，健康保险作为健康投资的重要组成部分，其地位同样不容忽视。在这个充满未知与变数的世界里，健康保险为我们提供了一层不可或缺的财务保障，它能够帮助我们有效分散因病致贫的风险，确保在面临突如其来的医疗需求时不会因为经济压力而被迫放弃最佳的治疗时机。在选择保险产品时，我们需要根据自己的实际情况与需求，精挑细选那些真正能够为我们提供全面保障的险种。这样，保险在关键时刻就能成为我们最坚实的后盾，为我们撑起一片晴朗的天空。

随着科技的日新月异，健康科技产品也逐渐成为健康投资的新宠儿。智能手表、健康监测手环等智能穿戴设备，能够实时追踪并记录我们的各项健康数据，如心率、血压、步数乃至睡眠质量等。这些数据不仅为我们提供了全面了解自己身体状况的依据，更能在疾病预防与管理中发挥举足轻重的作用。例如，有一次，笔者的智能手表突然发出心率异常的警报，起初并未太过在意，以为只是偶尔的波动。然而，当连续几天都收到同样的提醒时，笔者开始警觉起来，意识到可能存在问题，于是立即前往医院进行了详细的检查，结果发现心脏方面存在一些小问题。幸好发现得及时，经过妥善的治疗与调理，问题得以顺利解决。这次经历让笔者深切体会到智能健康设备的巨大价值，它们就像我们身边的健康守护者，时刻关注着我们的身体状况，为我们的健康保驾护航。

此外，健康管理应用也是健康投资中不可或缺的好帮手。它们通过提供定制化的健康计划、饮食建议以及运动指导等，帮助我们逐步养成良好的生活习惯，从而在长期范围内为我们节省医疗开支，提升生活质量。例如，笔者曾经尝试过一款颇受欢迎的健康管理应用，它根据个体的身体状况、饮食习惯以及运动偏好量身打造了一套详细的健身与饮食计划。在坚持了一段时间后，笔者惊喜地发现自己的身体状况有了明显的改善，体重也逐渐控制在了合理的范围内，而这不仅让我变得更加健康、更加自信，还让我在工作与生活中更加游刃有余并充满了活力与激情。

当然，营养与健身作为健康投资的两大基石，其地位自然不言而喻。投资高质量的食品与高效的健身计划，从源头上改善我们的身体状况，是我们每个人都应该积极践行的生活方式。高质量的食品能够为我们提供充足的营养与能量，可以增强身体的免疫力与抵抗力，而定期锻炼则能够有效提升我们的身体素质与运动能力，延缓衰老的过程，让我们保持年轻与活力。例如，一位朋友因为工作繁忙而严重忽视了健康的重要性，结果随着时间的推移，他的身体逐渐出现了各种问题，如颈椎病、腰肌劳损等。后来，在经历了一次重大的健康危机后，他开始痛定思痛，重新审视自己的生活方式：开始注重饮食的均衡与营养，坚持每天进行适量的锻炼。经过一段时间的努力与坚持，他的身体状况有了明显的改善，不仅身体更加健康、有活力，连工作效率都得到了极大提升。

那么，健康投资的财务回报又具体体现在哪些方面呢？这里，我们将为大家一一进行分析。

首先，最为直观的就是长期医疗费用的显著降低。通过健康投资，不仅能够有效减少慢性病的发生与发展，还能够在未来避免因疾病所导致的高额医疗费用支出。这不仅极大地减轻了个人的经济负担，也为家庭和社会节省了宝贵的医疗资源。想象一下，如果我们每个人都能够保持健康、远离疾病，那么整个社会的医疗成本将会大大降低，更多的资源将被用于提升公共卫生水平、促进医疗科技的进步与发展。

其次，健康的身体与心理状态还能显著提升职场表现与竞争力。在职场上，一个精力充沛、状态良好的员工往往能够迅速脱颖而出，成为团队中的佼佼者，不仅能够高效完成工作任务，还能在关键时刻提出创新性的见解与解决方案。这样的员工自然更容易获得领导的赏识与提拔，从而拥有更多的晋升与加薪机会，并获得更高的收入水平与发展机会。

最后，健康投资还能显著提升家庭的幸福感与生活质量。当家庭成员都保持健康、充满活力时，家庭的整体氛围将会更加和谐、温馨，家庭成员之间能够共同享受生活的美好与乐趣，而这样的家庭无疑是幸福美满的。同时，健康的身体也能让我们更好地应对生活中的挑战与困难，减少因疾病带来的精神压力与经济负担。

在金融智慧的助力下，我们可以更加科学、更加合理地进行健康投资。首先，制定一份详细的健康预算是关键所在。我们需要根据自己的收入状况与实际需求，合理分配健康管理的资金。例如，每年可以安排一定的预算用于体检、保险、运动以及营养补充等方面。这样既能确保健康投资的持续性与稳定性，又能有效避免不必要的浪费与支出。

其次，选择合适的理财工具也是健康投资中不可或缺的一环。我们可以将部分储蓄用于购买健康保险、设立健康储蓄账户等，这些理财工具不仅能为健康提供坚实的财务保障，还能在一定程度上实现资产的增值与保值。在选择理财产品时，我们需要仔细比较不同产品的性价比与风险收益特征，选择那些真正适合自己的投资方式。

当然，注重长期规划与健康管理是健康投资的核心与精髓。我们需要将健康投资视为一种长期的行为与习惯，通过持续的管理与投入，实现生活质量与财务收益的双赢。这要求我们不仅要关注当前的健康状况与医疗需求，更要着眼于未来的健康风险与财务规划。通过科学合理的健康投资规划，我们能够为自己和家人打造一个更加健康、更加美好的未来。

在未来，健康投资的金融价值将会愈加凸显与重要。随着健康管理理念的深入人心与科技的飞速发展，越来越多的人开始重视并践行健康投资的理念。他们通过科学规划健康支出、合理选择理财产品以及注重长期健康管理等方式，不仅提升了自身的生活质量与健康水平，还为应对不确定的未来打下了坚实的经济基础。例如，一位年轻的创业者告诉说，他非常重视健康投资，每年都会安排一定的预算用于体检、健身以及保险等方面。他说："只有保持健康，我才能有更多的精力与热情去创业，去追求自己的梦想。"的确如此，健康是我们实现人生价值、创造社会财富的基石与前提，只有拥有了健康，我们才能更好地享受生活、创造未来。

健康投资的金融价值所在是它不仅让我们在财务上更加稳健与从容，更让我们在生活与工作中充满了自信与活力。因此，健康投资是重要的、紧迫的，应该将其融入自己的日常生活，并通过科学合理的健康投资规划，实现生活质量与财务收益的双重提升。

健康管理服务的金融化趋势

近年来，随着人们对健康日益增长的关注和科技的飞速进步，健康管理服务正逐渐与金融产品和服务深度融合。这种融合趋势，就像一股不可阻挡的潮流，不仅为健康产业带来了新的商业模式，更为我们每个人的健康投资提供了更多元化、更灵活的选择。

健康管理服务金融化的兴起绝非偶然，而是多重因素共同作用的结果。首要因素便是消费升级。随着生活水平的提高，人们对健康的需求已经发生了深刻的变化。过去，人们更多地关注治病救人；而现在，预防、保健和长期健康管理成了新的焦点。这种需求的变化，为健康管理服务提供了广阔的市场空间，也促使金融机构开始积极布局健康领域，寻求新的增长点。

人口老龄化社会的到来，无疑是推动健康管理服务金融化的另一大动力。随着老年人口的增加，他们对健康管理服务的需求日益旺盛。老年人群体不仅关注疾病的预防和治疗，还更加注重生活的品质和健康的管理，而金融产品的介入，如健康保险、健康储蓄账户等，有效地降低了他们获取服务的经济门槛，使得他们能够更加轻松地享受到专业的健康管理服务。

此外，金融技术的快速发展，也为健康管理服务的金融化提供了强大的技术支持。大数据、人工智能、区块链等前沿技术的运用，使得金融机构能够更精准地评估个人的健康状况和风险，从而开发出更加个性化、智能化的金融产品。这些产品不仅满足了消费者对健康管理的需求，还提高了金融服务的效率和精准度。

在健康管理服务金融化中，保险与健康服务的深度整合无疑是最为引人注目的现象。健康保险公司通过与医疗机构合作，推出了一系列健康管理计划，如免费体检、慢病管理、健康顾问服务等。这些计划不仅提高了人们的健康意识，还有效地降低了保险公司的赔付风险，因为通过预防和管理，许多潜在的健康问题可以得到及时的发现和解决，从而避免更严重的疾病发生。

更为有趣的是，一些保险公司还推出了"健康奖励计划"。投保人通过完成健康目标，如减重、戒烟等，可以获得保费折扣或其他奖励。这种机制无疑极大地激励了人们关注自身健康的积极性，它让人们意识到健康不仅仅是个人的事情，还与自己的经济利益息息相关。这种正向的激励机制，有助于人们形成良好的健康习惯和生活方式。

除了保险与健康服务的整合，如健康储蓄账户（Health Savings Account，HSA，美国高免赔额健康计划［HDHP］的个人税收优惠账户）的普及也是健康管理服务金融化的一个重要表现。HSA 允许个人通过税优政策储蓄资金，用于支付未来的健康相关支出。在刚开始研究这个领域时，HSA 还只是一个相对小众的产品，知晓度和使用率都不高，但如今随着人们对健康管理的重视程度不断提高，越来越多的个人开始意识到HSA的价值。特别是当HSA与智能理财工具相结合时，它的吸引力更是倍增。用户不仅可以享受税收优惠政策带来的实惠，还可以通过投资增值来抵御未来可能的健康风险。这种结合使得HSA不再仅仅是一个储蓄工具，而是一个具有投资功能的综合健康管理账户，可以帮助用户实现健康管理与财务规划的双赢，也为金融机构提供了新的业务增长点。

基于健康大数据的个性化金融产品，则是近年来兴起的另一个热点。随着大数据技术的不断发展，金融机构开始利用AI分析个人健康数据，开发出定制化的保险和贷款产品。例如，一些保险公司会根据个人的健康评分来调整保单定价，而银行则会根据个人的健康状况来决定贷款利率。这种个性化金融产品的出现，不仅提高了金融服务的精准度和效率，还使得个人能够根据自己的健康状况来更合理地规划财务。这种个性化服务的背后是大数据和人工智能技术的强大支撑。通过分析海量的健康数据，金融机构能够更准确地评估个人的健康状况和风险水平，从而为他们提供更加贴合需求的金融产品。这种服务模式不仅提高了用户的满意度和忠诚度，还为金融机构带来了更高的收益和更低的风险。

此外，健康服务订阅模式的兴起也为健康管理服务的金融化带来了新的机遇。通过按月支付订阅费，用户可以获得一站式健康管理服务，包括在线咨询、药品配送、营养计划等。这种模式不仅降低了用户获取服务的成本，还提高了服务的便捷性和可持续性。用户无须再为寻找合适的医疗服务而奔波劳碌，只需通过订阅服务就能享受到全面的健康管理。金融机构则通过为此类服务提供分期付款或金融支持，进一步降低了用户的经济压力。这种合作模式使得健康管理服务更加普及和便捷，也为金融机构带来了新的业务增长点。通过与健康服务提供商的合作，金融机构能够拓展自己的服务范围和客户群体，实现互利共赢。

因此，健康管理服务金融化的优势是显而易见的。首先，它降低了经济门槛，使得更多人能够享受到高端的健康管理服务。在过去，由于价格昂贵，很多人对健康管理服务望而却步；但现在，通过金融产品的介入，这些人也能够负担得起这些服务，他们可以通过购买健康保险、使用健康储蓄账户等方式，来降低自己获取服务的成本。

其次，健康管理服务金融化激励了健康行为。通过设立奖励机制，金融机构鼓励用户更加关注自身健康，从而形成良性循环。用户为了获得保费折扣、健康奖励等利益，会积极参与健康管理计划，改善自己的健康状况。这种正向的激励机制有助于人们培养良好的健康习惯和生活方式，提高整个社会的健康水平。

最后，健康管理服务金融化还优化了资源分配。健康与金融的结合提高了资金利用效率，推动了医疗资源的优化配置。金融机构通过评估个人的健康状况和风险水平，能够更合理地分配医疗资源和资金。这使得有限的医疗资源能够得到更加有效的利用，提高整个医疗体系的效率和公平性。

　　然而，任何事物的发展都不是一帆风顺的，健康管理服务金融化也面临着诸多挑战。其中，数据隐私和监管问题是最为突出的两个方面。由于健康大数据的广泛使用，个人信息泄露的风险也随之增加。如何保护用户隐私，确保数据的安全性和保密性，成了一个亟待解决的问题。因此，金融机构和健康管理服务提供商需要加强数据保护措施，建立完善的数据安全体系，以赢得用户的信任和支持。同时，随着金融产品的不断创新和跨界融合，监管机构也面临着如何平衡创新与监管的难题。如何既鼓励创新以推动健康管理服务金融化的不断发展，又确保消费者权益不受损害以维护市场的公平和稳定，是一个需要不断探索和完善的过程。监管机构需要加强与金融机构和健康管理服务提供商的沟通与合作，共同推动行业的健康发展。

　　随着金融科技的不断发展，智能化将成为这一领域的重要方向。通过利用大数据、人工智能等技术，金融机构将能够为用户提供更加个性化、智能化的健康管理服务。例如，智能健康顾问可以根据用户的健康状况和需求，为其提供定制化的健康建议和管理方案；智能理赔系统则可以快速处理用户的理赔申请，提高服务效率和用户满意度。

　　国际化也将是未来的一个重要趋势。随着全球化的不断深入和跨境金融服务的不断发展，跨境健康管理服务与金融产品的融合将成为可能，这将为全球用户提供更多选择，推动健康管理服务金融化向更高层次发展。例如，国际健康保险计划可以覆盖全球范围内的医疗费用，为经常出国工作或旅游的人提供便捷的保障；跨境医疗服务则可以让用户享受到全球顶尖的医疗资源和服务。

健康管理服务金融化的创新将为用户创造更多价值，它不仅能够帮助人们更好地应对不确定的健康与经济环境，还能够推动整个健康产业的升级和转型。

金融手段对健康的推动

在探讨健康与金融的交会点时，我们不难发现金融手段在提升个人及群体健康水平方面，确实发挥着举足轻重的作用。通过巧妙的资金配置与风险管理，金融工具犹如一把钥匙打开了通往健康生活的大门，不仅能够帮助人们减轻医疗负担，更能在预防健康问题上下足功夫，进而全面提升我们的生活质量。

健康保险，无疑是金融与健康结合最为直接、最为人所熟知的方式。因此，它的重要性怎么强调都不为过。健康保险就像一张无形的安全网时刻守护着我们，当个体面临重大疾病或意外的冲击时，这张网能迅速展开以提供坚实的经济保障，减轻因医疗费用高昂带来的沉重压力。在现代社会，医疗费用往往成为许多家庭难以承受之重，而健康保险的存在正是为了化解这一难题。同时，健康保险的普及还起到了一个更为深远的作用，那就是促进了预防性医疗和健康检查的推广。由于有了保险的保障，人们将更加敢于且也更加愿意去进行体检，去关注自身的健康状况，从而有效预防疾病的发生。这种从"治疗"向"预防"的转变，不仅极大地降低了医疗成本，更在无形中提升了公众的健康意识，使得"健康第一"的理念深入人心。

当然，健康保险只是金融推动健康事业发展的冰山一角。随着社会的不断进步和人们对健康生活的日益追求，健康贷款也逐渐成为人们追求健康生活的有力支持。在现代社会，医疗技术的飞速发展与健康意识的显著提升，使得越来越多的人愿意为自己的健康投资。然而，现实往往并不总是那么尽如人意，如高昂的医疗费用，它就像一座难以逾越的大山挡在了人们追求健康的道路上。此时，健康贷款便如及时雨般降临，可以发挥其独特而重要的作用。它允许个人通过分期偿还的方式，提前享受到所需的医疗服务，无论是整形手术、基因检测还是高端体检都能轻松实现。这种贷款方式不仅极大地缓解了人们的资金压力，更在无形中激发了人们对健康投资的热情，使得"为健康买单"成为一种新的时尚。

健康储蓄计划，如健康储蓄账户（HSA），则是另一种促进健康与金融结合的有效手段。健康储蓄计划允许个人将一部分税前收入存入一个专属账户，用于支付未来的医疗费用、购买健康保险，甚至是投资与健康息息相关的各类支出，如健身课程、营养补品、健康食品等。这种制度设计，不仅巧妙地减轻了个人的税收负担，更在无形中激发了个体对自身健康的主动投资与关注。它不仅鼓励个人为未来的健康支出做好准备，还通过税收优惠的方式激励人们更加关注自己的健康状况。推广健康储蓄计划不仅有助于个人实现财务的稳健增长，还能在一定程度上提高整个社会的健康水平，因为当人们有了为自己健康储蓄的意识时，就会更加注重健康的生活方式，从而形成一个良性循环。

实际上，健康储蓄计划提供了一种前所未有的健康资金管理方式，它鼓励我们将健康视为一种长期的投资，而非短期的消费。试想，如果每个人都能从年轻时就开始规划，将一部分收入定期存入 HSA 用于支付那些能够提升生活质量、增强身体素质的支出，那么随着时间的推移，我们的身体将会发生怎样的变化？或许，那些曾经因为忙碌而忽视的健身计划，因为昂贵而拒绝的健康食品，都会因为健康储蓄账户的存在而变得触手可及。当我们的身体因为这些投资而变得更加健壮、更加充满活力时，生病的风险自然会大大降低，生活的品质与幸福感也会随之提升。这种"健康储蓄"的理念，实际上是在为未来的自己购买一份无价的健康保险，而且这份保险是由我们自己掌控的，既灵活又高效，充满了人性化的温度。

然而，金融手段对健康的推动作用并不仅限于个人层面。在更为广阔的公共健康领域，金融同样发挥着不可或缺的作用。金融市场的资金支持，如同一股强大的推动力，推动着医疗基础设施的建设不断完善。无论是医院、诊所，还是药品研发中心，都离不开金融的鼎力支持。这些设施的完善，不仅为公众提供了更加便捷、高效的医疗服务，更在无形中提升了整个社会的医疗水平。同时，政府和非政府组织也通过发行债券或筹资计划，为疾病防控项目和公众健康教育的发展提供了有力的资金保障。因此，健康储蓄计划的普及更具有深远的意义。在当前许多国家的医疗系统面临资金短缺、资源分配不均等严峻挑战的背景下，健康储蓄计划通过激励个人承担更多的健康管理责任，有效减轻了公共医疗系统的压力。当越来越多的人开始重视并投资于自己的健康时，医疗资源的分配将变得更加合理，那些真正需要帮助的人将能够更容易地获得必要的医疗服务。这些项目的实施，不仅极大地提高了公众的健康意识，还有效地降低了疾病的发生和传播风险，为社会的和谐稳定奠定了坚实的基础。

值得一提的是，随着金融科技的飞速发展，金融与健康的融合正呈现出前所未有的新态势。智能平台、大数据、人工智能等前沿技术的运用，使得个人能够更加方便地管理自己的健康资金。例如，通过智能平台，用户可以轻松实现保险费用的自动支付、健康储蓄计划的智能管理等功能。这种智能化的管理方式，不仅极大地提高了使用效率，还极大地提升了用户体验，使得金融与健康之间的结合更加紧密、更加便捷。

此外，普惠金融的健康发展也为更多人提供了享受优质医疗服务的机会。针对低收入群体的创新金融产品不断涌现，如小额健康贷款、社区健康保险等，这些产品的出现无疑为那些曾经由于经济原因而难以享受到优质医疗服务的人们带来了福音，有效地缩小了健康服务的经济鸿沟，使得更多人能够享受到健康带来的福祉，实现了健康与财富的双重增长。

在全球化的大背景下，跨境医疗保险和健康投资也逐渐成为新的趋势。随着人们跨国流动的增加和对健康生活的不断追求，跨境医疗保险应运而生，为国际用户提供了更加全面的保障。无论是出差、旅游，还是留学、定居，跨境医疗保险都能为我们提供及时的医疗救助和保障。同时，健康投资也呈现出全球化的特点。人们开始关注跨国医疗服务和健康产品，通过金融手段实现全球化的健康投资。这种投资方式不仅丰富了我们的健康选择，更在无形中推动了全球健康产业的发展和进步。

在未来，金融手段必将在推动健康事业发展中发挥更加重要的作用。然而，我们也应清醒地看到其中存在的挑战和问题。例如，如何确保金融产品的安全性和合规性？这是一个不容忽视的问题。在金融市场上，各种金融产品层出不穷，但其中也不乏一些存在安全隐患或违规操作的产品。因此，政府应加强对金融产品的监管力度，确保其安全性和合规性，保障消费者的合法权益。同时，如何避免过度医疗和医疗资源的浪费？这也是一个值得我们深入思考的问题。在追求健康的过程中，我们不应盲目追求高端医疗服务或过度检查，而应根据自身实际情况和需求进行合理选择。

在此，我们想提出一些具体的政策性建议。首先，政府应进一步加强对金融产品的监管力度，建立健全相关法律法规和监管机制，确保金融产品的安全性和合规性。同时，政府还应通过税收优惠等政策鼓励个人和企业参与健康投资，推动健康产业的快速发展。其次，政府应加强对公众的健康教育，提高人们的健康意识和自我保健能力。通过举办健康讲座、开展健康宣传活动等方式，引导公众树立正确的健康观念，形成良好的生活习惯和方式。最后，政府还应积极推动金融与健康的深度融合，利用金融科技手段提高医疗服务的效率和质量。例如，通过大数据和人工智能技术实现对医疗资源的精准配置和优化管理，提高医疗服务的可及性和便捷性；通过区块链技术实现对医疗数据的安全存储和共享，促进医疗信息的互联互通和协同应用。

在现实生活中，我们曾亲眼见过许多人通过合理的投资规划，将投资收益用于支付运动课程、购买健康食品等。这种投资方式不仅提高了他们的健康水平，还带来了可观的经济效益。这让我深刻认识到，健康投资不仅是一种消费行为，更是一种长期的投资行为。通过合理的规划和管理，我们可以实现健康与财富的双重增长，让生活更加美好和充实。

总之，金融手段对健康的推动作用是多方面的、深层次的。它不仅能够帮助人们减轻医疗负担、预防健康问题，还能提升整体生活质量，推动社会的和谐稳定和持续发展。在未来的发展中，我们应继续探索金融与健康的交会点，发挥金融手段在推动健康事业发展中的积极作用。同时，我们也应时刻关注面临的挑战和问题，通过政策引导和市场机制相结合的方式，实现健康与金融的良性循环，让每一个人都能享受到健康带来的福祉和幸福。

医疗保险的选择与风险管理

医疗保险的选择与风险管理，这是一个值得深入探讨的话题。在人生的漫长旅途中，我们总希望能拥有一份安宁与健康，然而疾病这个可能时刻袭来的阴霾总在不经意间给我们的生活带来沉重一击。正因如此，医疗保险这一现代社会的健康守护神便显得尤为重要。

医疗保险的重要性，无须过多赘述。在这个医疗费用高昂的时代，一场大病往往就能让一个原本幸福的家庭陷入困境，而医疗保险的存在就像是一道坚实的屏障，将为我们抵御疾病带来的经济冲击。它不仅能够支付医疗费用，减轻我们的经济负担，还能在心理上给予我们莫大的安慰。当我们知道有医疗保险作为后盾时，面对疾病时的心态会更加平和，也会更加从容不迫。

医疗保险的多样性为我们提供了多种选择的空间。公共医疗保险，如中国的城镇职工基本医疗保险和城乡居民基本医疗保险，覆盖面广，费用相对较低，为大众提供了最基本的医疗保障。然而，正如任何事物都有其两面性一样，公共医疗保险也存在着一定的局限性：医疗资源的分配可能不够均衡，导致部分人在就医时需要长时间排队等待；服务质量可能参差不齐，让人在就医过程中感到不够舒心。

这时，商业医疗保险的灵活性和高效性便凸显了出来。商业医疗保险的覆盖范围往往更广，不仅包括了公共医疗保险所能覆盖的疾病治疗，还可能包括高端体检、国际医疗等特殊服务。当然，商业医疗保险的服务质量更高，能够为我们提供更加贴心、专业的医疗服务，但其背后也伴随着相对较高的费用。对于部分人群来说，商业医疗保险的费用可能是一个难以承受的负担。

补充医疗保险，则是对公共医疗保险和商业医疗保险的一种重要补充。补充医疗保险通常针对那些有特殊医疗需求或高风险职业的人群，为他们提供额外的保障和服务，如一些特定的疾病治疗、康复服务、特殊药品等，都可能被纳入补充医疗保险的保障范围。这样，我们就能够根据自己的实际需求，选择最适合自己的医疗保险组合。

在选择医疗保险时，我们需要考虑的因素很多。首先，覆盖范围肯定是一个关键因素。我们要仔细查看保险条款，确认保险是否包含了我们关心的疾病类型、慢性病管理以及重大疾病治疗等关键领域。同时，对于有特殊需求的人群来说，海外医疗、住院津贴等特殊服务的覆盖也是值得关注的点，毕竟这些服务往往能够在关键时刻为我们提供额外的帮助和保障。

其次，费用与性价比也是我们不得不考虑的问题。在比较不同保险产品时，我们要仔细权衡保险费与预期收益之间的关系：保险费太高，可能会给我们的经济带来压力；而保险费太低，又可能意味着保障范围有限。因此，我们需要找到一个平衡点，既能够承受得起保险费，又能获得足够的保障。此外，免赔额和报销比例也是影响保险性价比的重要因素。免赔额越低，报销比例越高，我们的保障就越充分。

最后，保险公司的信誉与服务同样不容忽视。在选择保险公司时，我们要优先考虑那些服务稳定、理赔迅速的公司，毕竟保险是一种长期的服务关系，需要确保在需要的时候能够得到及时、有效的帮助。通过调查用户评价和行业排名，我们可以对保险公司的服务质量有一个更为直观的了解。同时，我们也可以咨询身边的朋友或亲人，看看他们有没有好的保险公司推荐。

当然，我们还要根据个人需求来选择合适的保险计划，这是最重要的。不同年龄、健康状况和职业风险的人群对于医疗保险的需求是不同的，如年轻人可能更关注意外伤害的保障，而中老年人则可能更关注慢性病管理和重大疾病治疗。因此，我们需要根据自己的实际情况来制订保险计划，并随着人生阶段的变化而动态调整保险组合。例如，当我们年轻时，可以选择一些保费较低、保障范围较广的保险产品；而当我们年岁渐长时，则可以适当增加一些针对老年人常见疾病的保障。

拥有了医疗保险之后，风险管理同样至关重要。我们不能仅仅依靠保险来应对所有的风险，而是要通过多种方式来实现风险的分散和管理。首先，我们可以通过结合公共医疗保险和商业医疗保险的优势，形成更为全面的医疗保障体系。这样，即使面临再大的风险，我们也能够有足够的保障来应对。同时，为了避免过度依赖某一保险公司而带来的风险，我们也可以考虑选择多家保险公司进行投保。这样，即使某一家保险公司出现问题，我们也能够有其他保险公司作为后盾。

动态管理也是风险管理的关键一环。我们需要定期审视自己的保险计划，根据生活变化和健康状况的调整来适时更新保障范围和额度。例如，当我们换了一份工作或者收入有所增加时，我们可以考虑增加一些保险保障；而当我们身体状况发生变化时，我们也需要及时调整保险计划以适应新的需求。此外，关注政策变化也是非常重要的。政府时常会推出一些税收优惠或补贴计划来鼓励民众购买医疗保险，我们可以充分利用这些政策来优化自己的保险组合。例如，一些地方政府可能会提供医疗保险的补贴或者税收优惠，我们就可以通过这些政策来降低自己的保险费支出。

除了保险本身的风险管理，我们还可以通过预防性健康投资来降低疾病发生的概率，毕竟预防总是胜于治疗。我们可以定期进行健康体检，及时发现并处理潜在的健康问题；我们也可以保持良好的生活习惯和积极的心态，提高自己的身体素质和免疫力。这些投资不仅能够提升我们的生活质量，还能在一定程度上减少医疗费用的支出，如果我们能够保持健康的生活方式，那么患病的概率就会大大降低，从而也就减少了医疗费用的支出。

教育与规划也是风险管理中不可或缺的一环。我们需要不断提升自己的保险知识水平，了解保险条款的细节与潜在风险，只有这样才能在面对复杂的保险市场时做出更为明智的选择，如可以通过阅读保险相关的书籍、参加保险知识讲座或者咨询专业的保险顾问来提高自己的保险素养。同时，制定紧急医疗资金预案也是非常重要的。即使有了医疗保险的保障，我们也应该准备一笔紧急医疗资金来应对可能出现的意外情况。这笔资金可以存放在容易取用的地方，如活期存款或货币市场基金，以便在需要时能够迅速取出使用。这样，即使面临突发的医疗费用支出，我们也能够有足够的资金来应对。

未来的医疗保险将更加多元化和智能化。随着科技的不断进步和人们健康需求的不断增长，个性化保险计划、智能理赔系统、健康数据的实时追踪等技术将不断涌现并应用于实际生活中。这些技术将大幅提升保险服务的效率和用户体验，让我们在面对疾病时更加从容不迫。例如，通过大数据和人工智能技术，保险公司可以更加精准地评估我们的健康风险和保费水平；通过智能理赔系统，我们可以更加快速地获得理赔款项；通过健康数据的实时追踪，我们可以更加及时地了解自己的健康状况并采取相应的预防措施。

同时，我们也认为风险管理将从单一的保障模式向综合健康解决方案转变。因此，未来的医疗保险将不仅仅关注医疗费用的支付，还将更加注重预防、康复和健康管理等多个方面。通过整合医疗资源、提供个性化的健康服务等方式，医疗保险将为我们提供更加全面、高效的健康保障。例如，保险公司可能会与医疗机构合作，为我们提供定期的体检服务、健康咨询和康复计划等。同时，保险公司也可能会通过智能穿戴设备来监测我们的健康状况，并提供相应的健康建议。

在选择与管理医疗保险的过程中，我们不仅要关注眼前的利益，

更要着眼于长远的健康规划。通过合理配置保险资源、制定科学的
风险管理策略以及不断提升自身的健康素养等方式，我们可以为自
己和家人打造一个更加坚实、可靠的健康保障体系。

AI科技在健康管理中的应用

　　AI正以前所未有的速度和力度渗透到我们生活的方方面面，健
康管理这一关乎每个人切身利益的领域，自然也置身于这场深刻的
变革中。

　　AI在健康管理中的角色，绝非简单的辅助或点缀，而是真正的
核心与支柱。回顾过去，传统健康管理往往依赖于医生个人的经验
和判断，受限于人力、物力等因素，其精准度和效率都难以达到理
想状态。然而，AI的横空出世，犹如一把锋利的手术刀，精准地切
入了健康管理的痛点与难点。通过大数据分析、预测算法和机器学
习技术，AI能够快速处理和分析海量的健康数据，从中挖掘出有价
值的规律和趋势，为我们提供了一个全新的视角来理解和管理健康。
这种智能化的服务，不仅极大地提高了健康管理的效率，更使得个
性化的健康方案成为可能。

　　个性化健康方案的制定，是AI在健康管理中展现出的一大亮点。
在AI的助力下，个性化健康方案不再是遥不可及的梦想，而是触手
可及的现实。通过分析个人的基因检测、体检报告以及日常活动记

录，AI能够全方位、多维度地了解我们的身体状况和健康需求，进而为我们量身定制一套适合自己的健康管理计划。例如，通过可穿戴设备能实时收集心率、血压、睡眠质量等数据，AI能够实时监测我们的健康状态，并在发现异常时及时发出预警，提出改善建议。这种个性化的服务让健康管理变得更加精准、有效，也让我们对自己的身体状况有了更为清晰、全面的认识。

疾病预测与早期诊断，是AI在健康管理中展现出的另一大亮点。在过去，许多疾病往往在症状明显时才被发现，导致错过了最佳治疗时机。然而，AI的介入使得这一切发生了颠覆性的变化。通过分析历史病例和医学数据，AI能够预测疾病的风险，并在疾病尚未发作之前就实现早期干预。特别是在癌症和慢性疾病的早期诊断中，AI凭借其强大的数据处理能力和模式识别能力，往往能够比传统方法更早、更准确地发现病变，从而大大提高治愈率和生存率。这种"未雨绸缪"的能力，无疑为健康管理注入了新的活力和希望。

AI在医疗服务优化方面同样发挥着举足轻重的作用。在繁忙的医院里，医生常常需要面对海量的病人信息和复杂的病情，做出快速而准确的诊断并非易事。然而，AI的辅助犹如为医生们配备了一双"火眼金睛"：通过影像识别技术，AI能够发现微小病变，提高诊断的准确性；通过智能分诊系统，AI能够根据患者的病情和需求，合理安排医疗资源，从而提升整体医疗效率。这种智能化的服务，不仅减轻了医生的工作负担，提高了医疗质量，还让患者能够获得更加及时、有效的治疗，真正实现了医疗资源的优化配置。

除了直接的医疗服务，AI在健康教育与管理方面也展现出了非凡的魅力。基于自然语言处理的AI助手，能够为我们提供个性化的健康知识普及和日常管理建议。无论是通过聊天机器人解答健康疑问，还是通过健康应用程序追踪健康状况，AI都能够以轻松、有趣的方式让我们在不知不觉中掌握健康管理的最新知识和方法。这种便捷的服务方式，不仅降低了健康管理的门槛，还激发了我们对健康的关注和热情，让我们在享受科技带来的便利的同时，也收获了健康的身体和愉悦的心情。

值得一提的是，AI在健康金融领域的融合，也为我们带来了诸多惊喜和可能。智能保险定价就是其中的一个典型应用。通过分析个人的健康数据，AI能够动态调整保险费用，使得保险定价更加公平、精准。这种"量体裁衣"的定价方式，不仅体现了保险行业的公平性和合理性，还激励了更多人关注自己的健康，形成良好的生活习惯。此外，AI还可以评估个人健康投资的回报，如基于健康风险等级提供贷款或奖励计划，这不仅为医疗技术的研发提供了资金支持，更为健康企业的融资开辟了新的途径，推动了健康产业的快速发展。

然而，随着AI在健康管理中的广泛应用，隐私与数据安全也成了我们必须正视并妥善解决的重要问题。健康数据涉及个人的隐私和敏感信息，一旦泄露或被滥用，可能会对个人造成严重的损害。因此，在收集和分析健康数据时，我们必须采取强有力的隐私保护措施以确保数据的安全性和保密性，这包括加强数据加密、建立严格的数据访问权限制度、定期对系统进行安全审计等。同时,我们还需要加强法律法规的制定和执行,为AI在健康管理中的应用提供明确的法律保障,让个人在享受AI带来的便利的同时也能够安心、放心地保护自己的隐私和数据安全。

除了隐私与数据安全,伦理与偏见也是AI在健康管理中必须面对并妥善处理的挑战。AI模型在训练过程中可能会受到数据偏见的影响,导致决策结果的不公平或歧视。这种偏见不仅违背了社会伦理和公平正义的原则,还可能引发社会矛盾和不满。因此,我们需要在AI模型的开发过程中加强透明性和监督以确保模型的公正性和准确性,这包括选择多样化的数据集、对模型进行公平性测试、建立相应的申诉机制等。同时,我们还需要加强公众的教育和引导,提高人们对AI伦理问题的认识和重视程度,共同营造一个公平、公正、透明的AI应用环境。

此外,普及性与可及性也是AI在健康管理中面临的挑战之一。目前,AI技术主要应用于一些发达地区和高收入人群,而低收入和偏远地区的人群往往难以享受到这种智能化的服务。这种"数字鸿沟"不仅加剧了社会的不平等和分化,还阻碍了AI技术在健康管理领域的广泛应用和推广。为了缩小这种差距,我们需要加强AI技术的普及和推广,通过政策引导、资金支持、技术培训等方式,让更多人能够接触和了解AI技术,享受到其带来的健康管理服务。同时,我们还需要通过市场机制和创新模式,推动AI技术在医疗领域的均衡发展,让科技的红利能够惠及每一个人。

随着AI技术的不断进步和完善，健康管理将从传统的被动治疗模式向个性化、主动化和智能化方向转变。AI将更深入地融入我们的日常生活，成为我们健康管理不可或缺的一部分。它将帮助我们更好地了解自己的身体状况，预防疾病的发生，提高生活的质量和幸福感。例如，未来的健康管理应用可能会结合物联网、5G等技术，实现远程监测、实时预警、智能干预等功能，让我们在享受科技带来的便利的同时也能够更好地保护自己的健康。

AI还将推动医疗行业的创新和变革，为医疗资源的优化配置和医疗服务的提升提供强大的动力。通过AI技术，我们可以实现医疗资源的精准匹配和高效利用，缓解医疗资源紧张的问题；我们还可以建立智能医疗平台，实现跨地域、跨机构的医疗信息共享和协作，提高医疗服务的效率和质量。这些创新和应用，将使得医疗行业更加智能化、人性化，为普通人的健康保障提供更加坚实、有力的支持。

然而，我们也必须时刻保持清醒的头脑，正视AI在健康管理中可能带来的挑战和风险。首先，我们需要不断加强技术研发和创新，提高AI的智能化水平和应用能力；其次，我们还需要加强法律法规的制定和执行，确保AI在健康管理中的应用符合伦理和法律的要求；最后，我们还需要加强公众的教育和引导，提高人们对AI的认知和接受程度，为AI在健康管理中的广泛应用奠定坚实的基础。

在未来，我们应继续推动AI与健康管理的深度融合，探索更多创新应用和实践模式。通过我们的共同努力和不懈追求，AI将成为我们健康管理中最得力的助手，为我们带来更加健康、美好的生活。

工具与资源：

应用：Keep（健身应用）、Ping An Good Doctor（平安好医生，在线医疗服务）、Wellthie（健康保险管理平台）、eHealthInsurance（在线医疗保险比较与购买平台）

书籍：《你的第一本健康投资指南》《金融与健康：如何利用金融工具保障健康》

网站：中国医疗保险网、健康界、Insurance.com（保险比较与购买指导网站）

学习平台：FutureLearn（健康管理与创新课程）、Udemy（健康保险与金融规划课程）

第六章

教育里的金融之路

教育投资的金融价值

教育绝非仅仅是知识的传递，它更像一粒种子，播撒在个人成长的土壤里生根发芽，最终长成参天大树。因此，教育投资也成为一种具有深远影响的金融行为，它不仅能够显著提升个人的职业竞争力，还能为未来的高收入奠定坚实基础，更在无形中促进了社会的整体创新与经济的蓬勃发展。

教育投资，本质上是一种长期且回报周期较长的投资。教育投资的回报是多维度且深远的，它不仅局限于人力资本增值、社会资本构建以及直接的经济收益，更为重要的是它能够为个人带来持久的正面影响，不仅提升生活质量，甚至还影响整个社会的文明进步。

教育从本质上来看不仅是个人的成长计划那么简单，它更像一块磨刀石不断地打磨着我们的技能与知识，使我们在职业道路上愈加锋利，从而能够更轻松地应对各种挑战，提升职业发展和收入能力。这一点是在全球范围内都得到验证的。无数的研究数据、调查报告都明明白白地显示，高等教育学历与高薪职业之间存在着显著的正相关性，那些拥有高学历、专业技能的人才往往能够在职场中脱颖而出，获得更好的职位、更高的薪资。

但教育投资的价值可远不止于提升个人收入那么简单，它还具有多维度的价值，其中最为显著的就是人力资本增值。教育作为人力资本的主要来源，通过系统的学习与培训，让我们掌握了更多的技能与知识，从而直接增强了我们的就业竞争力。在如今这个竞争激烈的职场中，拥有高学历和专业技能的人才，仿佛已经拥有了一把打开成功之门的钥匙，能够更容易地获得更好的职业发展机会，实现自己的人生价值。

除了人力资本增值，教育投资还促进了社会资本的构建。教育不仅教会了我们知识，更重要的是还教会了我们如何与人相处、如何合作。在教育的过程中，我们结识了志同道合的朋友，建立了广泛的社会联系。这些联系与信任就像一张张隐形的网络，为经济活动提供了更稳定的环境，促进了社会的和谐与发展。例如，社区教育计划，不仅提升了个体的素质与能力，还增强了地方经济的韧性，使社区更加繁荣与稳定。这就是教育投资所带来的社会资本效应，它让我们在追求个人发展的同时，也为社会的进步贡献了一分力量。

当然，教育投资最直接的经济收益也是不容忽视的。从家庭层面来看，教育投资就像跨代传递财富和知识的桥梁。父母通过为子女提供优质的教育资源，不仅为他们的未来打下了坚实的基础，还传递了家庭的文化与价值观。这种投资虽然短期内可能看不到显著的回报，但从长远来看则是家庭财富与知识积累的重要途径。那些有着良好教育背景的子女，往往能够在未来取得更大的成就，为家庭带来更多的荣耀与财富。

从国家层面来看，教育投资更是GDP增长的驱动因素。一个国家的教育水平，直接决定了其人力资源的质量与潜力。通过加大教育投资，培养更多的高素质人才，国家能够拥有更强的创新能力与竞争力，从而推动经济的持续增长。这一点在诸多发达国家的发展历程中得到了充分的验证。那些教育水平高、人才济济的国家，往往能够在全球经济竞争中占据优势地位，实现经济的繁荣与发展。

在教育投资的过程中，金融工具的运用显得尤为重要。教育储蓄计划与教育基金，就是许多家庭为子女学费做准备的首选方式。这些工具通常享有税收优惠，同时还能够提供一定的投资回报，既保障了资金的安全，又实现了资产的增值。以美国的529教育基金计划为例，它允许家庭为子女的教育费用进行储蓄与投资，且所得收益免税。这样的政策鼓励家庭提前规划教育投资，为子女的未来提供有力的资金保障。那些有远见的父母，往往会在孩子还小的时候就开始为他们储备教育资金，确保他们未来能够接受到优质的教育。

然而，对于资金不足的学生来说，助学贷款就成了他们实现教育梦想的重要途径。助学贷款，虽然提供了学习的机会，但也带来了债务风险。因此，在选择助学贷款时，我们需要谨慎评估自己的还款能力与风险承受能力。例如，美国金融机构现在不断引入更多创新型的贷款产品，其中收入分成协议（Income Share Agreement，ISA）最受关注。这种贷款方式根据学生的未来收入来确定还款金额与期限，极大地降低了学生毕业后的还款压力。这样一来，那些有才华但家庭经济条件有限的学生，也能放心地去追求自己的教育梦想。

此外，奖学金与资助计划也是降低教育成本的重要方式。它们不仅为学生提供了经济上的支持，还激励他们取得更好的学术成绩。对于那些成绩优异、表现突出的学生来说，奖学金就是一份荣誉与奖励，让他们更加努力地追求自己的学术目标。对于企业来说，赞助奖学金计划不仅助力了人才的培养，还强化了企业的雇主品牌效应，从而实现了双赢的局面。那些有社会责任感的企业，往往会通过赞助奖学金来履行自己的社会责任，同时也能够吸引更多优秀的人才加入自己的团队。

在评估教育投资时，我们不得不进行成本—收益分析。这其中包括学费、机会成本与预期收入的增量。以美国商学院毕业生为例，他们虽然需要承担高昂的学费与生活费，但通常在毕业后几年内就能收回学费成本，并享受职业收入的显著提升。这样的投资回报率，无疑是非常诱人的。那些有志于进入商界的学生，往往会选择攻读商学院来提升自己的职业竞争力与收入水平。

然而，教育投资并非无风险，不同领域的教育回报率差异较大，而且受到市场需求、行业趋势等多种因素的影响。因此，在选择教育方向时，我们需要结合个人兴趣与行业趋势做出理性决策，这既是对自己负责，也是对教育投资负责。我们不能盲目地跟风选择热门专业，而是要根据自己的兴趣与特长来做出选择，这样才能在未来的职业生涯中发挥出自己的最大潜力。

在未来，教育投资的金融价值将呈现出更加多元化与全球化的趋势。在线教育平台的兴起，显著降低了优质教育的门槛，使得更多人能够享受到高质量的教育资源。现在，那些身处偏远地区、经济条件有限的学生，也能够通过互联网接受优质的教育。同时，在线教育投资回报率的表现也十分优异，那些在线教育平台往往能够根据市场需求来设置课程内容与教学方式，从而提高学生的满意度与就业率。

个性化学习方案结合 AI 技术，更是最大化了学习效率和效果。它能够根据每个学生的学习习惯与进度来量身定制学习计划，让每个学生都能够找到最适合自己的学习路径。这样一来，学生的学习效果就能得到极大的提升，教育投资的回报率也就更高。

出国留学和跨国教育合作项目也成了教育投资的新热点。这些项目不仅为学生提供了更广阔的职业发展平台，还促进了不同文化之间的交流与融合。在全球化的背景下，拥有国际视野与跨文化交流能力的人才将更加受到青睐。那些有过留学经历或参与过跨国教育合作项目的学生，往往能够在未来的职业生涯中脱颖而出，成为行业的佼佼者。

教育投资的金融价值大多远远超越了学费本身，是一个涵盖经济、社会和个体成长的综合性概念。通过科学的规划与选择，教育投资将成为我们在这个不确定时代中的一项重要保障。它不仅能够提升我们的职业竞争力与收入水平，还能丰富我们的精神世界与人生体验。

以我个人而言，无论是自己还是身边的人，都因为教育而拥有了更广阔的世界与更多的可能性。因此，从长远来看，我坚信教育投资的金融价值是无可估量的，它不仅能够改变个人的命运，还能够推动社会的进步与发展。

金融素养教育的重要性

金融素养对每个人都具有或多或少的重要性，不仅是个人财富管理的基石，更是我们应对复杂多变经济环境的利器，让我们在不确定性中找到确定性，从而把握生活的主动权。

试想，一位年轻的朋友怀揣着对未来的无限憧憬，满怀激情地投身于股市，梦想着能够一夜暴富。然而，由于缺乏基本的金融知识，他盲目跟风，听信小道消息，最终不仅未能实现财富增长，反而血本无归。这时，我们就会意识到金融市场的复杂性与风险性，以及金融素养教育的迫切性。如果每个人都能在接受教育的过程中系统地学习金融知识，培养理性的投资观念，学会分析市场、评估风险，那么类似的悲剧或许就能避免，更多的人将能够在金融市场中稳健前行，实现财富的保值增值。

金融素养教育，它首先为个体构筑了一道坚实的经济自我保护屏障。在这个信息爆炸的时代，各种金融产品和服务层出不穷，令人眼花缭乱。金融素养教育就像一把钥匙，可以帮助我们打开金融知识的大门，教会我们理解收入与支出的平衡，掌握储蓄与投资的基本原理，以及贷款与负债的合理运用。这些看似简单却至关重要的概念，构成了我们日常生活中不可或缺的财务智慧。正如美国联邦储备委员会前主席艾伦·格林斯潘（Alan Greenspan）所言："金融素养对于个人和家庭的经济福祉至关重要，它有助于人们做出更明智的财务决策，避免不必要的经济损失。"金融素养教育可以让我们在面对纷繁复杂的金融产品时能够保持清醒的头脑，做出最适合自己的选择。

在金融市场的舞台上，每个人都是自己财富的"导演"，掌握着财富的密码。然而，缺乏金融知识的"导演"，往往会因为对市场的无知和盲目，拍出令人扼腕叹息的"烂片"：可能因为一时的冲动而追涨杀跌，也可能因为轻信他人的推荐而陷入投资陷阱。金融素养教育就像一位经验丰富的导师，通过传授投资策略、风险评估等专业知识，使我们能够根据自己的财务状况和风险承受能力，做出理性的投资决策。金融素养教育可以教会我们如何识别市场趋势，如何分散投资以降低风险，如何避免陷入投资陷阱，从而在金融市场的风浪中稳健前行。正如投资大师沃伦·巴菲特（Warren E. Buffett）所说："投资的第一条准则是不要亏损；第二条准则是永远不要忘记第一条。"金融素养教育正是帮助我们坚守这一准则的灯塔，可以照亮我们前行的道路。

随着科技的飞速发展，金融行业正经历着前所未有的变革。人工智能、大数据、区块链等新兴技术层出不穷，它们正在深刻改变金融业态，挑战着我们已有的认知极限。在这样的背景下，金融素养教育显得尤为重要。它不仅可以帮助我们理解这些新技术的本质和潜力,还可以教会我们如何适应和利用这些变化,为未来的金融挑战做好准备。金融素养教育让我们明白,技术的变革虽然带来了挑战,但也孕育着无限的机会。因此,我们只有不断学习新知识和掌握新技能,才能在金融科技的浪潮中乘风破浪、勇立潮头。正如《未来简史》的作者尤瓦尔·赫拉利(Yuval Noah Harari)所言:"在未来的世界里,金融知识将成为一种重要的生存技能。"金融素养教育正是培养这种生存技能的关键,它让我们在未来的金融世界中拥有更多的选择权和话语权。

金融素养教育的意义远不止于此,它还是促进经济公平与社会稳定的重要基石。在金融市场中,信息不对称往往导致资源分配的不公,使得一些人因为缺乏金融知识而错失良机,而另一些人则因为掌握金融知识而获利丰厚。金融素养教育通过普及金融知识,缩小了信息差距,让每个人都有机会平等地参与经济活动,分享经济发展的成果。同时,金融素养的提高有助于增强社会的信任和合作,减少金融诈骗、虚假投资等社会问题,为社会的和谐发展贡献力量。一个金融素养普遍较高的社会,必然是一个更加公平、更加稳定、更加有活力的社会。正如诺贝尔经济学奖得主罗伯特·席勒(Robert J. Shiller)所言:"金融素养的普及是提高社会整体福祉的关键。"金融素养教育正是实现这一目标的重要途径。

金融素养教育对于培养长期财富观念的重要性是显而易见的。在这个物欲横流的时代,许多人在面对短期诱惑时往往难以抵制快速消费的冲动,从而忽略了长期财富规划的重要性。然而,金融素养教育就像一位智慧的导师，可以教会我们如何从长远的角度看待财富，如何规划未来的财务目标，其中不仅包括养老金、保险等基本保障的规划，还涉及如何应对通货膨胀、税收政策等外部因素的影响，从而做到财富的积累与传承。这种长期财富观念的培养，让我们在面对生活的挑战时更加从容不迫，更加有底气地追求自己的梦想，毕竟只有拥有坚实的经济基础才能支撑起未来的生活质量和人生价值。

在以往的工作中，我们曾有幸参与过多个金融素养教育项目，见证了无数人在学习金融知识后的成长与蜕变。他们从一个对金融一无所知的"小白"，逐渐成长为能够自信管理自己财富的"专家"，这种变化不仅是经济上的独立，更是精神上的成熟与自信。这样，金融素养教育让他们在面对生活的挑战时更加从容不迫，更加有底气地追求自己的梦想。他们学会了如何制订合理的预算计划，如何选择合适的投资产品，如何规避金融风险，从而在金融市场中游刃有余。这种成长和蜕变不仅让他们自己受益匪浅，也让他们的家庭和社会更加和谐稳定。

当然，金融素养教育并非一蹴而就，而是需要长期的积累和实践。在这个过程中，我们不仅要学习理论知识，还要关注市场动态，参与实践活动，培养自己的金融直觉和判断力。金融市场是一个充满变数的世界，只有不断学习、不断实践，才能跟上市场的步伐，把握市场的脉搏。同时，我们还要保持谦逊的心态，虚心向他人学习，不断吸取经验教训，这样才能在金融市场中立于不败之地，才能在金融市场的风浪中稳健前行并不断攀登新的高峰，从而实现自己的财富梦想和人生价值。

金融素养教育对于我们个人成长和事业发展的重要意义，它不仅让我们在金融领域取得了显著的成就，更让我们在生活的各个方面受益匪浅。金融素养教育让我们学会了如何规划自己的财务目标，如何管理自己的财富风险，如何把握市场的机会。这些知识和技能不仅让我们在金融市场中游刃有余，也让我们在生活中更加自信和从容。因此，我们希望更多的人能够重视金融素养教育，将其视为提升自己、适应未来社会的必备技能。

随着全球化的深入发展和科技的不断进步，金融市场的融合和创新将更加迅速。在这样的背景下，拥有扎实的金融素养将成为每个人追求幸福生活的基石。金融素养不仅关系到个人的财富增长和风险管理，还关系到国家的经济稳定和社会的和谐发展。因此，我们需要更加重视金融素养教育，将其纳入国民教育体系，让更多的人接受系统、全面的金融知识培训。同时，我们还要加强金融素养教育的普及和推广，通过各种渠道和方式向公众传递金融知识，提高全社会的金融素养水平。

在金融素养教育的道路上，我们每个人都是学习者，也是传播者。因此，我们可以共同探索金融知识的奥秘，让金融知识成为每个人追求美好生活的有力武器，让金融素养成为每个人适应未来社会的必备素养。

教育规划中的风险管理

在现代社会，教育已被广泛视为个人和家庭通往成功的重要途径，它如同一座灯塔指引着孩子们走向更加光明的未来。然而，教育投资背后隐藏着复杂性与风险。在教育这条漫长而又充满希望的道路上，每个家庭都希望能够为孩子铺设最好的基石，让他们能够稳稳地走向成功，但我们在追求教育梦想的同时，却往往忽略了其中潜藏的风险与挑战。

这里，我们想与大家深入探讨的正是这个在教育规划中至关重要却又常被忽视的话题，即如何有效地识别并管理那些可能影响我们财务稳定与教育目标实现的风险。

教育，尤其是高等教育，其成本往往不是一个固定的数字，它如同一座漂浮的冰山，随着时间和环境的变化而不断变化。在现实生活中，许多家长在孩子还小的时候，就试图对未来十年的教育成本进行预估，希望能够为他们的未来做好充分的准备。然而，即便考虑了通货膨胀、学费增长等多种因素，实际的支出往往还是远远超出了预期。这不仅因为学费不断飙升，更因为一些突如其来的政策调整，如某些热门专业学费的突然上调，或者政府补助政策的变动，这些都像一只只无形的手不断推高了教育的成本。

然而，教育投资的风险并不仅仅局限于成本的波动，更大的风险在于即便我们如同园丁般精心规划了教育投入并为其浇水、施肥，期待着它能够茁壮成长，但最终的回报也往往是不确定和难以量化的。教育被普遍视为对未来的投资，但这份投资的回报往往受到诸多因素的影响，如同风中的烛火摇曳不定。

在日常生活中，我们曾见过许多家庭为了让孩子进入某个热门专业，不惜投入巨资，甚至倾尽所有，他们期待着孩子毕业后能够找到一份高薪的工作，以回报家庭的付出。然而，市场的变化却是无情的，有时候热门专业也会变得冷门，或者孩子的兴趣发生了变化，导致这份投资未能实现预期的财务回报。

因此，在教育规划中，我们应该采取风险分散的策略，如同聪明的投资者在股市中分散投资一样。我们应该考虑多种可能的教育与职业选择，为孩子的未来打开多扇门，而不是仅仅盯着一扇窗。除非我们能确定某一特定领域有绝对稳定的高回报，否则家庭应该选择更为多样化的教育投资路径，避免将所有资金和精力集中在单一的教育项目上。这样，即便某个领域出现了波动，我们也能够有其他选择来支撑孩子的未来。

在教育支出的过程中，现金流的管理同样至关重要。现金流的管理如同家庭的血液系统，一旦出现问题，整个家庭都会陷入困境。尤其是在子女就学的过程中，家庭的收入支出往往会因为各种因素而波动，如父母的职业变动、孩子的学费增长、突发事件的发生等，这些都可能带来短期的现金流紧张而让家庭陷入困境。

因此，在教育规划中，我们应该合理调配资金，为可能的突发事件做好储备。通过合理的预算编制、灵活的资金安排（如储蓄账户、教育贷款等），我们可以确保教育支出的平稳进行，避免因为短期的现金流紧张而影响到孩子的教育计划。同时，我们也应该学会利用金融工具来优化现金流的管理，如通过定期存款、理财产品等方式来增加家庭的收入，为教育支出提供更多的资金支持。

随着时代的变化，教育的目标和形式也在不断地演变。教育不再是传统学校教育的代名词，它变得更加多元化、灵活化，终身学习、职业技能提升等概念逐渐成为新的趋势，如同新鲜的血液注入教育的肌体中让其焕发出新的活力。

因此，在进行教育规划时，我们应该考虑到教育目标的灵活性。除了传统的大学教育，家庭还可以为孩子的职业技能培训、海外交换项目、在线学习等可能性预留资金空间。这样，孩子就能够根据自己的兴趣和发展需求来选择最适合自己的教育方式，而不会因为资金的限制而错失良机。同时，我们也应该鼓励孩子去尝试不同的教育方式和学习体验，让他们能够在更加广阔的天地中自由地翱翔。

当然，在追求高质量教育的同时，我们也必须警惕过度负债的风险。在日常生活中，我们见过太多家庭为了让孩子接受更好的教育，不惜通过借贷来承担沉重的教育负担，他们以为只要孩子能够出人头地，一切的付出都是值得的。然而，过度的借贷却如同一个无底洞般不断吞噬着家庭的财富和幸福，不仅会带来长期的财务压力，甚至会影响到家庭的整体财务健康，让家庭陷入无尽的债务泥潭中，从而给子女增加无形的教育压力，反而导致教育规划最终无法实现。

因此，在教育规划中，我们应该合理评估家庭的还款能力，选择适合的贷款产品（如低利率的政府贷款、教育专项贷款等）。同时，我们也要学会控制自己的欲望和冲动，不要盲目追求高质量的教育而忽略了家庭的实际情况。在必要时，我们可以考虑进行风险分担（如共同投资、亲朋借款等），以降低未来的财务风险。这样，我们才能够在追求教育梦想的同时，保持家庭的财务健康和稳定。

教育规划中的风险管理还需要具备前瞻性思维。在教育规划过程中，我们应该像一位智慧的船长一样，时刻注视着前方的风浪和暗礁，及时识别潜在的风险并制定应急预案。例如，家长应该定期评估孩子的学习进度与兴趣变化，确保教育投入与孩子的发展方向保持一致。同时，我们也要关注社会和经济环境的变化，以及政府对教育政策的调整，以便及时调整教育规划，避免因为政策的变化而影响到孩子的教育计划。

针对家庭收入变化、突发健康事件等潜在风险，我们也应该制定应急储备计划。例如，我们可以设立一个紧急储备金账户，用于应对突发的医疗费用或收入中断等情况。同时，我们也可以考虑购买一些保险产品来转移风险，如教育保险、健康保险等。这样，在不确定的环境中，我们的教育规划就能够得到有效的保障，财务状况也能够保持稳定。

在多年的观察和研究中，我们体会到教育规划中的风险管理不仅是保护家庭财务健康的必要手段，更是实现教育目标的保障。因此，我们可以通过对风险的识别、预测与管理，家庭能够在不确定的时代中应对各类挑战，为子女的未来提供更稳妥的支持。

因此，我们希望更多家庭对教育规划中的风险管理引起重视，不要只盯着教育的梦想和期望，从而忽略了其中的风险与挑战。我们只有充分认识到教育规划风险的存在，并采取有效的措施来管理它，才能够为孩子的教育未来铺设一条更加稳健的道路。

教育是一项长期而艰巨的投资，它关乎每一个家庭的未来和希望。作为家长，我们有责任为孩子铺设一条稳健的教育之路，但风险管理将是教育规划目标能否实现的最坚实后盾。

家庭教育投资规划

如今，教育已然成为每个家庭心头最为牵挂的投资，不仅承载着家庭对孩子未来的无限期许，更是家庭长远规划蓝图中不可或缺的一笔。然而，在这个充满变数的经济大环境下，如何确保孩子的教育之路能够稳健前行，成为摆在众多家长面前的一道难题。

教育，这个看似简单却蕴含无限可能的词汇，背后承载着的是家庭的希望与梦想。每个家庭对于孩子的教育都有着各自不同的憧憬与规划：有的家庭梦想着孩子能够跨越重洋，去世界的顶尖学府深造；有的家庭则更注重实用技能的培养，希望孩子能够在某一领域成为佼佼者。因此，在教育规划的起点上，我们就必须与家庭成员深入交流，共同勾勒出那份属于每个家庭的教育蓝图。这一步，虽看似平淡无奇，实则如基石般重要。它不仅能够帮助我们更加清晰地规划资金的使用，还能根据教育目标的不同，制定出更为精准、更为贴合实际的教育投资策略。想象一下，对于那些计划送孩子出国留学的家庭，他们需要的不仅是一笔不菲的学费，还有生活费、保险费用甚至那些难以预料的应急支出。对于那些以技能教育为导向的家庭，他们则可能更侧重于培训班的费用、职业资格考试的报名费，以及那些能够提升孩子专业技能的种种投入。因此，明确目标，就是为我们后续的行动指明方向，让我们的每一步都能走得更加坚定与从容。

有了明确的目标作为指引，接下来便是要着手规划至关重要的教育基金。这可是教育规划中的重头戏，也是风险管理的核心所在，因为教育是一项需要长期投入、持续关注的"大工程"，它需要的不仅仅是一时的资金支持，而是源源不断的"活水"。因此，家长要尽早开设专门的教育储蓄账户，或是考虑购买教育保险。通过这些专业的金融工具，可以将平时节省下来的资金通过定期储蓄、基金投资等方式一点一滴地积累起来，为未来的教育支出做好充分的准备。当然，这些工具的好处可不少，它们不仅能够利用复利效应让资金在时间的推移下悄然增值，还能在一定程度上抵御通货膨胀的侵蚀，确保教育基金能够"保值增值"。以笔者为例，当年孩子还年幼时，我就为他们设立了教育基金，通过定期定额的投资购买那些风险较低、收益稳健的理财产品。在孩子的教育过程中，教育基金账户里

186

的数字是一年一年地往上涨，心中的那份踏实与欣慰自然是难以用言语来表达的，因为这不仅仅是一串数字的增长，更是为孩子的未来教育筑起了一道坚实的财务屏障。

当然，教育投资绝非仅仅局限于那些传统的、看得见的支出，如学费、书本费等。家庭教育的投资应当更加多元化，更加注重孩子的全面发展。课外活动、兴趣爱好的培养、职业规划的初步探索，这些都是值得我们投入资金与精力的领域。每个孩子都是独一无二的，他们有着自己的兴趣、特长和梦想。作为家长，我们应当细心观察，发掘孩子的潜能，然后在艺术、体育、编程、科学探索等多元化的领域中，为他们搭建起一个个展示自我、提升自我的舞台。这些投资，虽然可能无法直接转化为成绩单上的分数，但能够在无形中丰富孩子的精神世界，提升他们的综合素质与竞争力。想象一下，孩子在国际竞赛中崭露头角，或者在第二语言的学习中游刃有余，又或者通过暑期特训营的历练变得更加独立与自信，这些难道不是我们作为家长最乐于见到的吗？

教育投资并非一条坦途，它也伴随着风险与挑战。过度的教育投资，可能会让家庭背负上沉重的经济负担，甚至影响到日常的生活质量。因此，在为家长制定教育规划时，我们总是反复强调一个原则——量力而行。所以，我们应当根据自己的经济状况，合理设定教育投资的预算，确保教育投资与家庭的整体财务状况相协调，切不可盲目跟风或是为了追求所谓"精英教育"而将家庭的所有资源都倾注其上。一个平衡的财务规划，不仅能够确保我们教育目标的实现，还能维护家庭的长期财务稳定，让我们的生活更加和谐与美满，毕竟教育的目的是让孩子拥有更好的未来，而不是让家庭陷入困境。

除了量力而行，我们在教育规划中还应当考虑风险的分散与灵活性。教育投资的回报并非一蹴而就，而是需要时间的沉淀与积累。同时，随着经济环境的变化和教育政策的调整，我们的投资方向和投入金额也可能需要进行相应的调整。因此，在制定教育规划时，我们应当预留出足够的灵活性，以应对未来可能出现的种种变数。例如，随着在线教育的蓬勃发展，我们可以考虑将部分教育投资转向那些高质量的网络课程、在线研讨会，或是职业认证等项目，减少对传统教育模式的依赖。这样，我们不仅能够为孩子提供更加丰富、多元的学习资源，还能在一定程度上降低教育投资的成本。同时，我们还可以通过多样化的投资渠道，如股票、债券、基金、教育保险等来分散风险，避免将所有的"鸡蛋"都放在一个"篮子"里。这样，即使某个领域出现了波动，也不会对整个教育投资造成太大的冲击，我们的教育规划依然能够稳健前行。

此外，充分利用社会资源，也是降低教育投资风险的一个有效途径。政府提供的奖学金、教育补助，企业赞助的各类项目，以及社会上的公益项目和非营利性组织，都是我们可以借助的力量。特别是对于那些经济条件较为困难的家庭，或是有特殊需求的孩子，这些资源的利用无疑能够极大地减轻教育投资的负担，让教育的阳光照进每一个角落。因此，家长在制定教育规划时要多留心、多打听，充分利用这些宝贵的资源为孩子的教育之路铺平道路。同时，我们希望社会各界能够更加关注教育公平，为更多的孩子提供平等的教育机会，让每一个孩子都能在阳光下茁壮成长。

最后，教育投资是一个漫长的过程，它需要我们具备长远的眼光和足够的耐心。教育的回报往往不是立竿见影的，它更多地体现在孩子的个人成长、社会适应能力，以及未来的职业发展上。因此，我们在进行教育规划时，应当理解并接受这种延迟性，保持一颗平和的心态，切不可急于求成或者对孩子施加过大的压力，毕竟教育的初衷是为了让孩子拥有更加美好的未来，而不是让他们成为我们期望中的"完美产品"。同时，每个孩子都有着自己的成长节奏和人生轨迹，我们应当尊重他们的选择，鼓励他们勇敢地去追求自己的梦想。

教育规划就像一场马拉松，它考验的是我们的耐力、智慧与决心。我们需要通过明确教育目标、提前规划教育基金、考虑教育投资的多样性、量力而行、注重风险分散与灵活性、充分利用社会资源，以及保持长远的眼光和耐心，从而为孩子的教育提供坚实的财务保障。

留学规划的金融考量

留学规划的金融考量是一个值得深入探讨的话题。近年来，留学作为家庭教育投资中的一项重大决策，受到越来越多家庭的关注和追捧。这背后的原因，不仅仅是国外令人向往的优质教育资源，更是因为留学能为孩子打开一扇通往世界的大门，提供一个更为广阔的视野和无数的发展机会。

然而，当我们谈及留学，金融考量往往是许多家庭难以回避的难题。如何合理规划留学资金，确保经济压力可控，同时又能期望留学投资能够带来丰厚的回报，这是与家长经常交流探讨的核心议题。作为有过留学经历并且深入研究过留学规划的人，我们非常愿意分享一些见解和宝贵经验。

首先，我们得正视留学成本的多样化与复杂性。留学绝非仅仅是学费和住宿费那么简单直白，实际上它涵盖了一个相当广泛的开支范围，包括生活费、交通费、保险费用、签证申请费，甚至还有可能涉及一些额外的学术活动或社交活动的费用。根据笔者多年的研究和亲身经历，不同国家、不同学校甚至同一所学校的不同专业，其学费差异都可以说是天差地别。以美国为例，像哈佛大学（Harvard University）、耶鲁大学（Yale University）这样的顶级名校，每年的学费和生活费加起来可能高达8万美元甚至更高。反观一些欧洲国家的公立大学，如德国的很多大学，它们的学费就相对较低，有的甚至免费，但生活费这方面得看具体城市，像伦敦、巴黎这样的大都市生活成本自然是不菲的。

以笔者为例，当年留学的时候选择的是加拿大的多伦多大学（University of Toronto）。加拿大的学费相对于美国来说虽然已经算是比较亲民了，但多伦多作为加拿大最大的城市，其生活成本也是不容小觑的。在做留学规划的时候，非常细致地列出了所有的开支项，包括学费、住宿费、伙食费、交通费、保险费用等，并且为每一项都做了一个详细的预算。这样做的好处就是，对自己留学期间的每一笔支出都了如指掌，从而有效地避免了超支和意外开销的发生。

接下来，再聊聊留学资金的筹措问题。这可是许多家庭最为头疼、最为棘手的问题。根据笔者的经验，家庭其实可以通过多种方式来筹集留学资金。首先就是储蓄与投资。提前进行留学资金的储蓄，绝对是留学资金筹集的首选方式。这种方式的好处就是资金来源非常稳定，而且风险相对较低。当然，这需要家庭有一定的财务规划和执行力。

然而，并不是每个家庭都有足够的储蓄来支持孩子留学的。这个时候，教育贷款就成了一个非常不错的选择。很多国家和银行都有提供专门的教育贷款服务，这些贷款的利率通常都比较低，而且还款期限也比较灵活，有的甚至可以延后还款。以笔者为例，在留学期间，曾经考虑过申请教育贷款，以此来减轻家庭的经济压力。不过，需要注意的是，贷款毕竟是要还的。因此，家长在申请教育贷款的时候，一定要充分评估自己的还款能力，确保自己能够承担相应的负担；否则，教育贷款可能会成为家庭未来的一个沉重包袱。

除了储蓄和投资、教育贷款，奖学金和助学金也是缓解留学资金压力的重要途径之一。很多大学和政府为了吸引优秀的国际学生，都会提供各种各样形式的奖学金和助学金，有的奖学金甚至是全额资助，包括学费、生活费等一应俱全。以笔者为例，我在申请多伦多大学的时候就非常幸运地成功申请到了一笔奖学金，这不仅极大地减轻了经济压力，也在学术上更加有动力和更加自信。因此，家长在留学规划初期就鼓励孩子积极申请奖学金和助学金，并且密切关注相关的信息动态。

留学期间的现金流管理，同样是一个非常关键的问题。留学期间的日常开销和突发费用，可能会对家庭造成较大的现金流压力。因此，合理的现金流管理，对于保证留学生活的顺利进行是至关重要的。为此，家长可以提前为孩子开设一个国际银行账户，确保留学期间的资金流动顺畅无阻。同时，还要设定一个月度预算和财务计划，帮助孩子培养理性消费的习惯，避免无谓的浪费和冲动消费。

留学是一项长期的投资，其回报也不仅体现在毕业后的薪资水平上。事实上，留学所带来的国际化视野、跨文化的交流能力，以及丰富的社会经验，往往都是无法用金钱来衡量的。在未来的职业生涯中，这些软实力往往能够发挥更大的作用，让孩子在激烈的竞争中脱颖而出。因此，在进行留学规划的时候，家长一定要从长远的角度来考虑教育投资的回报问题，要明确教育的真正目的和意义所在，避免仅仅从短期成本的角度来做出决策，否则可能会错失很多对孩子未来发展至关重要的机会和资源。

留学过程中的风险管理，也是不能忽视的一个重要环节。意外医疗、财产损失、突发事件等，这些都有可能对留学计划造成重大的影响。因此，家长一定要为孩子购买足够的医疗保险、旅行保险等保障措施，确保孩子能够在海外留学期间得到必要的保障和援助。同时，也要为突发的经济状况变化做好应急预案和准备，如可以设立一个紧急基金或者备用金。这样一来，即使遇到什么突发情况或者意外事件，也能够从容应对和顺利渡过难关。

此外，留学的就业规划问题也不能忽视。说到底，留学的终极目的还是为了给孩子提供更广阔的职业发展空间和机会，因而在选择留学国家和学校的时候，家长就应考虑到孩子的未来就业市场和发展前景，从而选择那些能够提供国际化教育、与行业发展趋势相匹配的专业和课程。同时，家长也要关注留学回国后的就业市场和薪资水平情况，确保留学投资的回报能够得到实现和最大化。如此，孩子不仅能够学到知识和技能，还能够为未来的职业发展打下坚实的基础和铺垫。

除了常规的学费、住宿费等开支，留学过程中可能还会有一些额外的费用支出，如海外生活中的旅行费用、课外活动费用、紧急医疗支出等。这些额外的支出，虽然可能看起来不大不小，但如果没有提前规划和准备，也可能会对家庭的预算造成一定的影响和压力。因此，家长可以考虑设立一个紧急基金或者储备金，提前为这些不可预见的开销做好准备和安排，即使遇到什么额外的支出或者突发情况也能够从容应对，不至于手忙脚乱而找不着方向。

另外，留学期间的生活质量和健康状况也是非常重要的。家长不仅要关注孩子的学术发展和职业发展，还要关注他们的身心健康和生活质量，确保他们在海外留学期间能够吃得健康、住得舒适、学得开心。如此，孩子才能够更好地完成留学过程并收获满满的成果和经验，从而为未来的职业和生活积累更多的基础和实力。

综上所述，留学规划确实是一项复杂且长远的财务投资，需要家长综合考虑各种因素并做出明智的决策和安排。通过合理的资金筹集、详细的预算规划以及完善的风险管理，家庭可以确保留学过程中的财务稳定，获得教育投资的最大回报前景。

作为家长，我们不仅要关注孩子的学术发展和职业发展，还要关注他们的未来发展和生活质量，而良好的金融规划和执行正是实现这一目标的重要保障和基石。

AI科技在教育领域的应用

对于AI科技在教育领域所引发的深刻变革，我们有着深刻的体会与感悟。这里，我们希望能与大家共同分享AI在教育领域的广泛应用，探讨它如何显著提升了教育的效率与质量。

回想起传统教育模式下的种种局限，不难发现"一刀切"的教学方式如同一把无形的枷锁，束缚了太多学生的潜能与个性。在这种模式下，无论学生的能力、兴趣还是学习习惯如何千差万别，他们都被置于同一教学节奏和难度之下，仿佛是一条条被精心修剪过的花枝，虽然整齐划一，却失去了原有的生机与多样性。然而，AI技术的出现，如同一股清流打破了这一僵局，为教育带来了全新的可能。

AI技术通过深度挖掘学生的学习数据，包括学习进度、兴趣偏好、知识弱点以及学习习惯等，可以为每个学生量身定制一套个性化的学习计划。这种个性化学习模式如同一位经验丰富的私人教师，能够根据学生的实际情况精准地调整教学内容与难度，确保学生在最适宜的节奏下学习。这种个性化的教学方式，不仅极大地提高了学习效率，更成功激发了学生的学习兴趣与自主性，让他们在探索知识的道路上越走越远、越走越好。正如我曾在某次教育论坛上所强调的那样："教育的本质在于激发潜能，而AI正是那把能够打开潜能之门的钥匙。"

AI的个性化学习功能，得益于其背后强大的机器学习算法。这些算法如同一个个智慧的精灵，能够实时跟踪学生的学习情况，捕捉每一个细微的学习反馈，并根据这些反馈及时调整学习内容和难度。例如，当AI系统检测到学生在某个知识点上频繁出错时，它会立即行动起来推送相关的练习题和教学视频，帮助学生快速掌握难点，弥补知识盲点。这种即时反馈和精准辅导的机制是传统教学模式难以比拟的，它可以让学生在学习过程中不再感到迷茫和挫败，从而对学习充满信心和动力。

在评估学习效果方面，AI同样展现出了非凡的能力。传统的考试评估，往往侧重于知识点的记忆和应试技巧，而忽略了学生的综合能力和发展潜力。然而，AI评估则完全不同，它更加注重学生的全面发展，通过智能化的评估工具，教师和家长能够实时、全面地了解学生的学习进度、知识掌握情况以及潜在的学习问题。这些评估工具不仅依赖于期中和期末考试的成绩，还通过日常作业、在线测评、互动学习等多种形式进行实时评估，确保评估结果的准确性和及时性。

AI评估的优势，在于其深度分析和个性化反馈的能力。通过分析学生的答题习惯、答题速度和错误类型，AI能够生成一份份个性化的评估报告，指出学生的优劣势和发展方向。这种智能化评估，不仅节省了教师和家长的时间，还避免了传统评估中的片面性和滞后性，为教学提供了更加科学、精准的依据。同时，它能够让教师根据学生的实际情况，及时调整教学策略，确保每一个学生都能在最适合自己的节奏下成长。

AI在在线教育中的应用，更是彻底打破了传统教育的时空限制，为学生创造了一个无限可能的学习空间。如今，学生只需要一台电脑或手机，就能随时随地访问丰富的教育资源，与全球各地的教师和学生进行互动学习。这种跨越时空的学习方式，让学生不再受限于教室的束缚，而是能够在更广阔的天地中自由翱翔。AI技术通过分析学生的学习行为、偏好和目标，为他们提供精准的内容推荐，极大地丰富了学习方式和内容。因此，无论是探索某个特定知识点，还是系统学习一门学科，AI都能为学生提供一条个性化的学习路径和丰富的资源。

值得一提的是，AI技术还能通过虚拟教师、语音识别、自动评分等手段，为学生创造高度互动的学习体验。学生不仅可以通过文字和图片获取知识，还能通过语音、视频等多媒体形式进行更加生动、直观的学习。这种技术的应用使得在线教育不再局限于简单的内容播放，而是变成了一个充满趣味性和互动性的学习平台。学生在这样的平台上学习，不仅能够获得知识的滋养，还能享受到学习的乐趣，从而更加积极地投入到学习过程中去。

在教育管理方面，AI也发挥着举足轻重的作用。通过大数据分析，AI能够帮助学校和教育机构更加高效地配置教育资源、优化课程设置、提升教学质量，如同一双无形的眼睛能够洞察教育领域的每一个角落，为教育者提供宝贵的决策支持。例如，AI可以分析学生的成绩分布和学习习惯，为教育者提供有针对性的教学策略建议；还可以预测学生的学业表现，为教育机构提供决策支持，确保教育资源的合理分配和有效利用。这种数据驱动的教育管理模式，无疑为教育的可持续发展注入了新的活力。

在笔者与多所学校和教育机构的合作中，曾亲眼见证了AI技术如何助力教育管理者做出更加科学、高效的决策。通过AI技术的支持，学校不仅能够更好地了解学生的学习需求，还能及时调整教学策略，从而提升教学效果。这种数据驱动的教育管理模式，让教育变得更加精准和高效，也让教育者能够更加从容地面对各种挑战。这种变革不仅仅是技术上的革新，更是教育理念上的飞跃，它让我们看到了教育在未来发展的无限可能。

随着AI技术在教育领域的广泛应用，家庭和教育机构在进行教育投资时，也不得不重新审视AI带来的附加价值和潜在回报。AI技术的引入，不仅提高了学习效率，而且降低了传统教育中的成本。通过自动化和智能化手段，AI减少了重复性的教学工作，提高了教育资源的利用率。对于家庭而言，投资AI驱动的教育平台或课程，不仅能够提升孩子的学习效率，还能为他们的未来职业发展奠定坚实基础。在全球化和信息化日益发展的今天，掌握AI相关技能和知识已经成为未来职场的必备能力。因此，家庭在规划教育投资时，应当充分考虑AI技术的应用前景和教育产品的科技含量。

选择那些能够结合AI技术提供个性化学习、智能评估、在线教育等服务的教育产品，无疑将为孩子的未来发展带来更多的机遇和优势。这些产品不仅能够满足孩子的学习需求，还能激发他们的学习兴趣和创造力，让他们在探索知识的道路上越走越远。同时，这些产品还能帮助孩子提前适应未来职场的环境和要求，为他们的职业生涯打下坚实的基础和做好必要的准备。因此，家庭在做教育投资时，应当更加注重教育产品的科技含量和创新能力，选择那些能够真正助力孩子成长的产品。

随着技术的不断进步和普及，未来的教育将变得更加智能化、个性化和全球化。AI不仅能在学习内容和方式上进行创新，还将彻底改变教育的评估、管理和决策模式。因此，未来的教育将不再局限于传统的课堂教学，而是一个动态、持续、自主的学习过程。在这个过程中，学习者将拥有更多的选择权和自主权，他们可以根据自己的兴趣和需求选择最适合自己的学习资源和路径，而AI正是实现这一目标的强大工具。

AI将把教育从资源有限、竞争激烈的行业中解放出来，转变为一个更加开放、包容且高效的知识分享和传递平台。在这个平台上，知识将不再被少数人所垄断，而是成为所有人共同享有的财富；每个人都可以根据自己的需求和兴趣，获取最优质的教育资源，实现自我价值的最大化。这种教育模式的变革，不仅可以提高整个社会的教育水平，还可以促进社会的公平与和谐。

AI技术也将极大地推动教育的全球化发展。全球范围内的教育资源将通过AI技术实现无缝对接，学生可以根据个人兴趣和需求选择最佳的学习资源和教育路径。这种全球化的教育方式，将让学生有机会接触到不同国家和文化的知识，拓宽他们的视野和思维方式。同时，教育的普及性和公平性将得到进一步提升，所有孩子都将在同等的起点上获取优质的教育资源，实现自己的梦想和追求。

AI科技在教育领域的应用潜力巨大且优势显著，不仅提高了教育的质量和效率，还为教育投资带来了新的机遇。对于每一个家庭和教育机构来说，理解AI在教育中的潜力并合理规划教育投资，将是我们共同面临的重要课题。

工具与资源：

应用：Mint、Money by Morningstar、Tuition.io

书籍：《教育投资学》《家庭财务规划指南》

网站：College Board、Investopedia、Fastweb、Study Abroad

学习平台：Khan Academy、Edmodo

第七章

金融思维的培养

金融观念的树立

在当今这个信息爆炸的时代，金融已经渗透到我们生活的方方面面，从日常的消费支付到投资理财，金融活动无处不在。然而，许多人在面对金融问题时却感到迷茫和无助。

首先，我们要充分了解股票、债券、外汇、黄金等金融工具的特点与利弊，清晰地阐述了这些金融工具的运作机制和风险所在，并能够准确地掌握基本的金融知识，从而更好地管理自己的财富。同时，我们要根据全球金融市场的变化掌握金融现象背后的财富逻辑，从而学会用金融思维去看懂世界运转的规律，看清金融霸权的真面目。因此，我们希望通过这些分析能够帮助人们更加深入地理解金融市场的本质和运作机制，从而做出更加明智的决策。例如，在提到市场无法预测时，所指的就是"预测"时机（timing，指一个时间点），而不是长期趋势（time）。正如英国经济学家、宏观经济学之父凯恩斯（John Maynard Keynes，1883—1946）所说的那句最著名的名言："从长期来看人总是要死的，但没人知道何时会死！"这句话深刻地揭示了金融市场的不确定性和长期趋势的必然性。

其次，我们特别强调理性投资的重要性，提醒投资者要避免盲目跟风，要理性看待市场波动。金融市场充满了不确定性，任何投资都存在风险。因此，投资者必须保持冷静和理性，不要被市场的短期波动所迷惑。同时，我还鼓励投资者树立长期投资的理念。长期投资是一种稳健的投资策略，它注重的是企业的基本面和长期发展潜力。与短期投机相比，长期投资能够降低风险，提高收益的稳定性。当然，长期投资并不意味着盲目持有不动，而是要根据市场变化和企业的发展情况及时调整投资策略。

最后，我们要把握好量入为出的理财原则。量入为出是一种稳健的理财方式，它要求我们在理财过程中要根据自己的收入状况来合理安排支出和投资。避免过度借贷和投资是量入为出的核心要求之一。过度借贷和投资往往会导致财务风险的增加，当我们的负债超过自己的承受能力时，一旦市场出现波动或者个人收入出现下滑，就可能陷入财务困境。因此，我们在理财过程中一定要保持谨慎和理性，避免盲目借贷和投资。我们希望通过这些提醒和建议，能够帮助投资者建立稳健的理财观念，避免陷入财务困境。

当然，提高公众的金融素养具有极强的重要性。每个人都应具备基本的金融知识和风险意识，这是我们在金融市场中稳健前行的基础。金融素养不仅包括金融知识的掌握程度，还包括对金融市场的理解和分析能力、风险意识和投资决策能力等方面，只有具备了这些素养才能在金融市场中做出明智的决策，避免陷入金融陷阱。为了提高公众的金融素养，我们经常参与各种金融知识普及活动，通过讲座、研讨会、直播等方式向公众传授金融知识。同时，我们也积极倡导学校将金融教育纳入课程体系，从小培养学生的金融素养。我们相信通过这些努力能够逐步提高公众的金融素养水平，为金融市场的健康发展奠定基础。

金融市场是一个充满机遇和风险的地方，各种金融陷阱和诈骗行为层出不穷。因此，我们必须时刻保持警惕，学会识别这些陷阱和诈骗行为，保护自己的财产安全。投资者要关注企业的基本面和财务状况，避免被虚假宣传和夸大其词的广告所迷惑。同时，在投资前，投资者要进行充分的调查和了解，选择正规的投资渠道和产品。此外，投资者要增强自我保护意识，不要轻易相信陌生人的投资建议和承诺。在面对高收益诱惑时，一定要保持冷静和理性，不要被贪婪所驱使而陷入金融陷阱。

随着金融市场的全球化趋势加剧，投资者要具备全球化视角，关注国际经济动态和跨国企业的表现。全球化使得金融市场之间的联系更加紧密，国际经济动态和跨国企业的表现对金融市场的影响也越来越大，因此投资者在做出投资决策时不仅要关注国内市场的变化，还要关注国际市场的动态和跨国企业的表现。这需要我们具备全球化的视野和敏锐的观察力，能够及时发现和把握国际市场的机遇和风险。投资者要随时了解全球市场的变化和企业的发展情况，积极参与国际市场的投资活动，通过多元化的投资组合来降低风险并提高收益。

在投资过程中，我们要保持谨慎和理性，不要被市场的短期波动所迷惑。因此，投资者要关注企业的基本面和长期发展潜力，选择具有竞争优势和成长潜力的企业进行投资。此外，风险管理和资产配置也非常重要。在投资过程中，我们要根据自己的风险承受能力和投资目标来制定合理的风险管理和资产配置策略，通过分散投资、定期调整投资组合等方式来降低风险并提高收益的稳定性。

　　财务规划是实现财务自由和应对经济风险的重要手段之一，它包括储蓄、投资、保险等多个方面的安排和规划。在制定财务规划时，我们要根据自己的收入状况、风险承受能力和投资目标来合理安排储蓄和投资。同时，我们也要关注保险规划的重要性，通过购买适当的保险产品来应对潜在的经济风险。通过制定合理的财务规划，我们能够更好地管理自己的财务资源，实现财富的稳健增长和生活的品质提升。因此，我们每个人都要重视财务规划的重要性，并积极付诸实践。

　　金融观念的树立是一个长期而复杂的过程，需要我们不断学习和实践并逐渐积累经验和知识。在未来，我们相信只要始终保持谨慎和理性、关注国际经济动态和跨国企业的表现、制定合理的财务规划并不断提高自己的金融素养水平，就一定能够在金融市场中稳健前行并实现自己的财富梦想。

金融决策中的心理学

　　在金融市场的波涛中航行，每一位投资者都面临着无数次抉择。这些抉择背后往往隐藏着复杂的心理因素，它们像一只只无形的手悄然推动着我们的决策行为。

　　这里，我们将通过一个生动的案例来深入剖析金融决策背后的心理因素。例如，一位南京的年轻人，为了结婚而不顾自身经济状况，逼父母掏空积蓄买房。这背后就是从众心理在作祟。当社会普遍认为买房是结婚的必备条件时，许多人便失去了独立思考的能力，一味盲目跟风，结果往往是家庭财务陷入困境，甚至引发一系列社会问题。这个案例不仅揭示了从众心理的普遍性和危害性，也让我们看到了金融决策中情绪化的一面。在金融市场中，类似的案例不胜枚举。投资者往往因为受到周围人的影响，或者受到市场舆论的引导，而做出非理性的决策。这种情绪化的决策，往往会导致投资失误，甚至带来灾难性的后果。

　　从众心理只是金融决策中心理学因素的冰山一角。贪婪与恐惧，这两种情绪同样在金融市场中扮演着重要角色。在市场火热时，贪婪让投资者盲目追求高收益，忽视了潜在的风险：投资者被市场的繁荣景象所迷惑，纷纷涌入热门板块和个股，希望借此一夜暴富；然而，当市场出现调整时，这些热门板块和个股往往首当其冲，投资者也因此遭受重大损失。相反，在市场低迷时，恐惧又让投资者惊慌失措，纷纷抛售资产，错失了反弹的机会：投资者因为担心市场进一步下跌，而选择了割肉离场；然而，很多时候市场只是在进行短期调整，随后便会出现反弹。那些因为恐惧而离场的投资者，只能眼睁睁地看着市场反弹而无能为力。

　　情绪管理，在金融决策中显得尤为重要。正如我们前面提到的，情绪化的决策往往会导致投资失误。因此，投资者必须学会管理自己的情绪，保持冷静和理性。情绪管理并非易事，它需要我们建立一套有效的情绪调节机制。首先，设定合理的投资目标至关重要。投资者应该根据自己的风险承受能力和财务状况，设定适合自己的投资目标。这个目标既不能过高也不能过低，过高容易让人产生贪婪心理，过低则容易让人失去动力。其次，建立风险预警系统也是情绪管理的重要一环。投资者应该时刻关注市场的动态和风险变化，一旦市场出现不利因素，就要及时调整自己的投资策略。此外，保持积极的心态也是情绪管理的关键。投资者应该学会从失败中吸取教训，从成功中总结经验，始终保持对市场的敬畏之心和对投资的热爱之情。

价值投资的理念在金融决策中至关重要，也是我们一直提倡的。与短期的市场波动相比，投资对象的内在价值更值得关注。价值投资需要投资者具备深入的行业研究能力、敏锐的企业洞察力以及坚定的投资信念。通过价值投资，我们可以找到那些被市场低估的优质企业，分享它们在成长中带来的收益，而这不仅仅是一种投资策略，更是一种投资哲学。价值投资告诉我们，投资要有耐心，不要期望股市会马上上涨，因为真正的价值需要时间来体现。以笔者为例，在投资生涯中始终坚持价值投资的理念，深入研究企业的基本面，关注它们的盈利能力、成长性和竞争优势。当发现一家被市场低估的优质企业时，便会毫不犹豫地买入并持有它，即使市场出现短期波动也不会轻易卖出，因为只要企业的基本面没有发生变化，它的价值最终会得到市场的认可。

　　另外，金融决策中常见的心理学陷阱，如过度自信、损失厌恶、确认偏差等，这些都是投资者容易踏入的"雷区"。

　　过度自信会让投资者高估自己的判断力和预测能力，从而做出冒险的决策。因此，过度自信型的投资者往往认为自己的投资眼光独到，能够准确预测市场的走势。然而，事实往往并非如此，因为市场的变化是复杂多变的，任何预测都存在一定的不确定性。这样，过度自信的投资者往往会在市场出现不利变化时遭受重大损失。

　　损失厌恶则会让投资者在面临亏损时过于保守，错失反弹的机会。因此，损失厌恶型的投资者往往因为害怕亏损而不敢轻易买入被市场低估的股票。然而，很多时候这些股票只是暂时被市场低估，随后便会出现反弹。那些因为损失厌恶而错失机会的投资者，只能眼睁睁地看着别人赚钱而自己却无能为力。

　　确认偏差则会让投资者只关注与自己观点一致的信息，忽视相反的信息。因此，确认偏差型投资者往往只愿意听那些符合自己预期的消息和分析，而对于那些与自己观点相悖的信息则视而不见。这种心态往往会导致投资者陷入盲目乐观或盲目悲观的境地，从而做出错误的决策。

　　为了应对这些心理学陷阱，我们给出了一些应对策略。首先，建立合理的投资组合是分散投资风险的有效方式。投资者应该将资金分散投资于不同的行业、不同的板块和不同的个股中，以降低单一投资带来的风险。其次，设定止损点也是控制风险的重要手段。投资者应该在买入股票时就设定好止损点，一旦股价跌破止损点就要及时卖出以避免更大的损失。最后，保持学习的态度也是应对心理学陷阱的关键。投资者应该不断更新自己的知识和观念，了解市场的最新动态和变化，只有这样才能更好地应对市场的挑战和机遇。

此外，我们反复强调了情绪管理在投资决策中的作用。投资者要保持冷静和理性，不要被市场的短期波动所影响，因为市场的波动是常态，而我们的情绪却容易受到波动的影响。因此，我们只有学会控制自己的情绪，才能更好地应对市场的挑战。例如，当你在股市中总是因为情绪化而做出错误的决策怎么办？你首先要认识到情绪化决策的危害性，然后建立一套有效的情绪调节机制，如设定合理的投资目标、建立风险预警系统、保持积极的心态等，只有这样你才能在股市中保持冷静和理性做出正确的决策。

在金融心理学方面，有其自身具备的四个基本原理：市场走在前面、市场是情绪化的、市场是非理性的、市场具有反身性。这些原理揭示了金融市场的本质和规律，而其对于投资者来说具有重要的指导意义。例如，"市场走在前面"告诉我们市场的价格已经反映了所有已知的信息和预期，因此我们需要关注市场的动态和趋势及时调整自己的投资策略。"市场是情绪化的"则提醒我们市场的波动往往受到投资者情绪的影响，因此我们需要学会控制自己的情绪避免被市场的情绪所左右。"市场是非理性的"则告诉我们市场并不总是理性的，有时会受到各种非理性因素的影响而出现异常波动，因此我们需要保持警惕避免被市场的非理性行为所迷惑。"市场具有反身性"则告诉我们市场的参与者会影响市场的走势而市场的走势又会反过来影响参与者的决策，因此我们需要关注市场的反馈效应及时调整自己的投资策略。

当然，投资与投机的区别也是我们经常讨论的话题。投资是基于深入研究和分析后做出的长期决策，旨在分享企业成长带来的收益；而投机则是基于市场短期波动做出的短期决策，旨在赚取市场差价。投机虽然有时可能带来短期收益，但长期来看则充满了不确定性和风险。因此，我提醒投资者要少做投机、多做投资，只有投资才能给自己和社会创造真正的财富。

对于投资者，既要保持冷静和理性不被市场的短期波动所迷惑，还要注重长期的价值投资而非盲目跟风，因为真正的价值投资者是那些能够看穿市场短期波动、把握长期趋势的人。在金融市场中，保持冷静和理性是非常重要的。因此，投资者应该学会控制自己的情绪不被市场的短期波动所左右，也应该注重长期的价值投资，如通过深入研究和分析找到那些具有长期投资价值的企业并持有，这样才能在市场中获得稳定的回报实现财富的保值增值。

金融市场是一个不断变化的复杂系统，而心理学更是一个深奥的学科。因此，我们还需要保持谦逊和学习的态度不断汲取新的知识和经验，只有不断学习和进步才能在这个充满挑战和机遇的金融市场中立于不败之地。

总之，金融决策中的心理学是一门必修课，只有掌握了这门课的知识和技能才能在金融市场中走得更远、更稳。在投资的道路上，我们会遇到各种挑战和机遇，但只要保持冷静和理性与不断学习和进步，就一定能够在市场中取得成功并实现财富的保值增值。

学会如何听取专家言论

在这个信息泛滥的时代，我们每天都会被各种财经新闻和专家言论所包围。作为投资者，如何从中筛选出有价值的信息，理性地听取专家的意见，成了一个至关重要的课题。这里，我就财经新闻中的专家言论，给出一些具体的指导意见。

听取专家意见并非简单地接受或拒绝，而是一个需要综合考虑多方面因素的复杂过程。在这个过程中，我们不仅要关注专家的身份和背景，还要警惕利益冲突，考察其预测准确率，并保持独立思考的能力。

首先，考察专家的身份和背景是听取其言论的前提。真正的专家应该在其领域内拥有深厚的学术造诣或丰富的实践经验，他们的言论往往基于扎实的研究和深入的分析，而非凭空臆断或信口开河。因此，在听取任何专家言论之前，我们必须仔细考察其身份和专业背景，确保其言论的可信度和权威性。这一点对于初学者来说尤为重要，因为缺乏经验和判断力的他们往往容易被一些所谓"专家"迷惑，导致投资失误。例如，在一次公开演讲中，笔者曾提到过一个案例：有一位自称是股市分析专家的"大师"，经常在各大媒体上发表对股市的预测。然而，经过深入了解，我发现这位"大师"并没有接受过正规的金融教育，也没有在金融机构工作的经验，他的所谓"预测"往往是基于一些道听途说的消息和个人的主观臆断。因此，他的言论不仅缺乏可信度，还可能误导投资者做出错误的决策。这个例子告诉我们，在听取专家言论之前，一定要仔细考察其身份和专业背景，避免被一些"伪专家"所迷惑。

其次，仅仅考察专家的身份和背景是不够的，还需要警惕那些可能存在利益冲突的专家言论。在现实世界中，实际上有些所谓"专家"是某些金融机构或产品的代言人，他们的言论可能受到利益驱使而偏向某一方。这样的专家言论，往往缺乏客观性和公正性，甚至可能误导投资者做出错误的决策。例如，有一位经济学家经常在电视节目中发表对股市的看法，并推荐一些股票给投资者。然而，经过调查，这位经济学家与某家证券公司有着密切的合作关系，他推荐的股票往往与该证券公司的业务有关。因此，他的言论很可能受到利益的影响，缺乏客观性和公正性。这个例子告诉我们，在听取专家意见时，我们必须保持警惕，仔细分析其言论背后的动机和利益关系，避免被其误导。

最后，除了考察专家的身份和背景、警惕利益冲突，我们还可以通过关注专家的预测准确率来评估其专业能力和可信度。一个真正有能力的专家，其预测应该具有一定的准确性和稳定性，他们能够根据市场趋势和数据分析给出相对可靠的预测和判断。因此，投资者可以关注专家过去的预测记录，以此作为评估其专业能力和可信度的参考。

当然，预测市场是一件非常困难的事情，没有任何专家能够百分百准确地预测市场走势。但是，通过关注专家的预测准确率，我们可以对其专业能力有一个大致的了解，并在一定程度上降低被误导的风险。例如，在一次投资研讨会上，有一位分析师分享了他对股市的预测记录，详细列出了过去几年中每一次预测的准确率和误差范围。通过对比和分析这些数据，我们可以发现这位分析师的预测能力相对较强，其言论也更具可信度。这个例子告诉我们，关注专家的预测准确率是评估其专业能力和可信度的重要途径之一。

然而，即使专家的身份和背景可靠、预测准确率较高，我们也不能完全依赖其言论做出投资决策，因为每个人的投资目标、风险承受能力和市场情况都是不同的，即使是专家的建议也可能并不完全适用于每个人。因此，在听取专家意见时，我们必须保持独立思考的能力，而这意味着我们要用自己的头脑去分析和判断专家的言论，不是简单盲目地接受或拒绝。我们要坚持独立思考的原则。每当听到专家的言论时，我们要结合自己的投资目标、风险承受能力和市场情况进行分析和判断。如果专家的建议符合个人的投资策略和风险偏好，考虑采纳；否则，坚持自己的判断。

如何理性听取专家意见中的观点？投资者应该培养批判性思维，不要盲目接受专家的言论。因此，即使是权威机构或知名专家的言论，我们也应该用理性的眼光去审视和分析，因为权威机构或知名专家也有可能犯错或受到某些因素的影响而给出不准确的判断。

投资者在听取专家意见时，还应该通过多渠道获取信息进行多方求证，因为单一的信息源往往存在片面性和局限性，只有通过多渠道获取信息才能更全面地了解市场动态和趋势。在关注股市动态时，我们不仅要听取专家的意见和分析报告，还要关注上市公司的财务报告、行业动态以及宏观经济数据等多方面的信息。通过综合这些信息和分析结果，才能够更准确地把握市场动态和趋势，并做出更为明智的投资决策。此外，我们还可以通过对比不同专家的观点和分析来发现其中的异同和矛盾点，从而更深入地了解市场情况。例如，在关注某个行业发展趋势时，我们要查阅多位专家的研究报告和分析文章。通过对比这些专家的观点和分析结果，我们才能够更全面地了解该行业的发展状况和未来趋势，并做出更为准确的判断。

学会如何听取专家的言论，不仅仅是一种投资技能，更是一种必备的思维方式。它能够帮助我们在纷繁复杂的世界中保持清醒的头脑，做出更为明智的决策，因为无论是在投资领域还是其他领域，我们都需要面对各种各样的信息和建议。在金融决策过程中，我们只有学会如何理性地听取和分析这些信息和建议，才能够更好地应对挑战、把握机遇。

总之，学会如何听取专家言论是一个复杂而重要的课题，它需要综合考虑多方面因素，包括专家的身份和背景、利益冲突、预测准确率以及自己的独立思考能力等，这样我们才能保持清醒的头脑和做出明智的决策。

学会如何读懂财经报道

在这个信息爆炸的时代，财经报道如潮水般涌来，每一天都充斥着大量的经济数据、政策变动、企业动态等。对于投资者而言，这既是一个充满机遇的时代，也是一个充满挑战的时代。如何从海量信息中筛选出有价值的内容，读懂财经报道背后的深层含义，将成为投资成功的关键。

读懂财经报道是至关重要的，因为财经报道不仅是投资者获取市场信息的窗口，更是连接投资者与市场的桥梁。它传递着市场的最新动态，反映着经济的脉搏，更蕴含着未来的投资机会与风险。在我看来，一份好的财经报道就像一盏明灯，可以在投资的海洋中为投资者指引方向，帮助他们避开暗礁和陷阱，找到通往财富宝藏的航道。

那么，如何才能读懂财经报道呢？这是许多投资者都感到困惑的问题。对此，我们根据自己的投资经验提出了"四大原则"，即关注宏观经济指标、理解政策走向、分析企业基本面以及掌握市场动态。

关注宏观经济指标，是读懂财经报道的第一步。宏观经济指标是判断市场整体走势的重要依据，它们就像一面镜子反映着一个国家的经济状况。例如，GDP增长率是衡量一个国家经济增长速度的重要指标，当GDP增长率持续上升时，通常意味着经济处于繁荣期，投资机会增多；反之，当GDP增长率下滑时，则可能预示着经济衰退，投资风险增加。同样，CPI（Consumer Price Index，消费者价格指数）和PPI（Producer Price Index，生产者价格指数）等经济数据，能够反映出一个国家的通货膨胀情况，这些数据的变化往往预示着市场趋势的转变。因此，投资者需要密切关注这些宏观经济指标的变化，以便及时调整投资策略。

理解政策走向，是读懂财经报道的第二步。政策是市场的重要驱动力，同时政府的每一项政策都可能对特定行业或市场产生深远影响。例如，减税降费政策可能提振企业盈利，从而推动股价上涨；而环保政策的加强，则可能促进新能源、环保等板块的发展。因此，投资者需要密切关注政策动态，准确理解政策意图。这不仅要关注政策本身的内容，还要关注政策背后的逻辑和目的，只有这样才能及时调整投资策略和把握市场先机。

分析企业基本面，是读懂财经报道的第三步。企业基本面是投资者选择个股的关键，企业的盈利能力、成长潜力、行业地位等是决定其股价长期表现的重要因素。通过阅读财经报道中的企业动态、财报分析等内容，投资者可以对企业有一个更全面的了解。例如，关注企业的营业收入、净利润、毛利率等财务指标，可以了解企业的盈利能力；关注企业的研发投入、新产品推出等情况，可以了解企业的成长潜力；关注企业在行业中的地位和竞争力，可以了解企业的市场地位。这些信息的综合考量将帮助投资者做出更明智的投资决策。

掌握市场动态，是读懂财经报道的第四步。市场动态是捕捉市场短期波动的重要依据，市场情绪、资金流向、技术形态等可能成为影响股价短期走势的因素。同时，投资者需要通过观察市场动态，及时把握买卖时机。例如，当市场情绪高涨时，股价往往容易上涨；而当市场情绪低迷时，股价则可能下跌。同样，资金流向也是判断股价走势的重要指标。当资金大量流入某只股票时，股价往往容易上涨；反之，当资金大量流出时，股价则可能下跌。因此，投资者需要密切关注市场动态，以便及时做出买卖决策。

然而，读懂财经报道并不仅仅停留在表面信息的理解上，更重要的是要透过现象看本质，挖掘其背后的经济逻辑和投资机会。例如，通过分析新闻报道中的经济数据、政策变化和企业动态，预测市场走势和板块热点；通过对比不同行业、不同企业的表现，发现潜在的投资机会等。这些都需要投资者具备敏锐的洞察力和丰富的投资经验。

在挖掘投资机会的同时，投资者要警惕潜在的市场风险和个股风险。财经报道中往往蕴含着风险信息，如企业业绩下滑、行业政策调整等。投资者需要学会从这些报道中提炼出风险点，并做好风险管理和资产配置，因为投资是一场马拉松而不是短跑，只有做好风险管理才能在长期的投资道路上稳健前行。其中，风险管理包括建立合理的投资组合、设置止损止盈点、定期评估投资风险等措施。

除了上述四大原则，我们还总结了一套系统的财经报道分析方法。主要有以下几点：

一是要关注报道的标题和导语。标题和导语往往是一篇报道的精华所在，它们能够迅速传达报道的核心内容。通过阅读标题和导语，投资者可以初步判断这篇报道的价值和重要性。如果标题和导语中包含了重要的经济数据、政策变化或企业动态等信息，那么这篇报道就值得进一步阅读和分析。

二是要分析报道中的数据和图表。数据和图表是财经报道中的重要元素，它们能够直观地展示经济指标的变化趋势、企业业绩的对比情况等。投资者需要学会解读这些数据和图表，从中发现规律和异常点。例如，通过对比不同时间段的经济数据，可以发现经济的增长趋势或衰退迹象；通过对比不同企业的财务指标，可以发现企业的优劣和潜力等。这些数据和图表的解读将帮助投资者更深入地理解报道内容，并做出更准确的投资决策。

三是要理解报道中的专业术语和概念。财经报道中经常涉及一些专业术语和概念，如市盈率（Price Earnings Ratio，P/E，PER）、市净率（Price-to-Book Ratio，P/B，PBR）、净资产收益率（Return On Equity，ROE）等。这些术语和概念对于投资者来说可能比较陌生，但它们是理解报道内容和进行投资决策的重要依据。因此，投资者需要掌握这些术语和概念的含义和计算方法，以便更好地理解和分析报道内容，而这可以通过阅读相关书籍、参加财经培训或咨询专业人士等方式来实现。

另外，在信息极不对称的情况下，普通百姓还可以使用一些基本方法和原则来进行理解和操作。第一，要特别关注"坏消息"，因为每条坏消息都会给你提供有价值的参考信息。第二，在看到新闻消息后，要弄清楚是谁发布的这个消息，想一想他为何要发布这个消息。对于"专家"发表的言论，要确认一下该专家的身份，他代表哪个公司，为哪个机构服务。如果是股评家，最好了解一下他是否拥有所评论的那一只股票，是否是利益相关者。这样，你就知道他所发表的言论哪些能听，哪些不能听，哪些只能反着听。第三，阅读财经新闻时要能分清新闻中涉及的行为是投资还是投机。如果是投机的话，注意不要盲目跟风；如果是投资的话，需考量一下是否适合自己的资金实力和投资风格。第四，回归常识，这也是所有原则的核心。再复杂的问题和事物都可以用常识去判断，因此要相信自己的第一感觉，如果对一件事情的第一感觉是不靠谱，那么这件事多半可能存在猫腻。同时，听上去太美好的事情往往是不真实的，掺假的成分可能居多。

实际上，真正读懂财经报道并不是一件容易的事情。它需要投资者具备扎实的经济基础知识、敏锐的市场洞察力和丰富的投资经验。这些知识和能力的积累需要时间和努力，只有通过不断的学习和实践，才能逐渐掌握读懂财经报道的精髓。因此，我总是不断强调持续学习和积累的重要性。财经领域的知识和技能是不断更新和进步的，投资者需要保持一颗学习的心，不断吸收新的知识和经验。无论是通过阅读书籍、参加研讨会还是观看直播节目等方式，都可以帮助投资者提升自己的财经素养和分析能力。同时，投资者还需要在实践中不断摸索和总结，将理论知识与实际投资相结合，形成自己的投资风格和策略。

总之，读懂财经报道是投资者必备的一项技能，它不仅能够帮助投资者更好地理解和把握市场动态和投资机会，还能够提升他们的风险管理和资产配置能力。我们希望通过书籍、演讲和直播节目等方式，能够帮助更多的投资者掌握这项技能，并在投资的道路上走得更远、更稳。同时，我们也希望投资者能够保持一颗平常心，理性看待市场的波动和风险，以长期稳健的投资心态来面对市场的挑战和机遇。

AI科技对金融思维的影响与挑战

随着AI技术的不断发展，它正在深刻影响着金融思维。一方面，AI技术提供了强大的数据处理和分析能力，使得金融决策更加科学、精准；另一方面，AI技术的应用也对金融从业者的思维方式提出了挑战。金融从业者需要学会与机器合作，利用AI技术提升工作效率和服务质量。同时，他们还需要保持批判性思维，审慎评估AI技术的输出结果，避免盲目依赖技术而忽视风险。

回望金融发展的历史，我们不难发现，金融决策曾长期依赖于个人的经验、直觉和对市场的深刻理解。长期以来，那些在金融市场上叱咤风云的大佬，往往凭借着自己对市场的敏锐洞察和丰富经验，做出了一个又一个惊人的投资决策。然而，随着AI技术的迅猛发展，这一切正在发生颠覆性的变化。AI这个看似冰冷的科技产物，却以其强大的数据处理能力、模式识别能力和自我学习能力，正在逐步改变金融分析和决策的传统模式，让金融活动变得更加高效、精确和全面。

AI技术的引入，首先为我们揭示了数据驱动决策的巨大威力。在传统金融思维中，数据虽然重要，但更多时候只是被当作辅助决策的工具，其真正的价值并未得到充分的挖掘和利用。然而，AI的出现让数据从幕后走到了台前，成了决策的核心。通过大数据分析和算法建模，AI能够挖掘出那些隐藏在海量数据背后的市场模式和趋势，为我们提供了前所未有的决策支持。例如，有一次我在分析一个复杂的投资组合时，面对堆积如山的数据和报表，一度感到无从下手。然而，当我尝试运用AI技术进行数据分析时，那些看似杂乱无章的数据瞬间变得井然有序，关键的风险点也一目了然。正是借助了AI的力量，我才能够迅速锁定问题，做出了更加科学的投资决策。这次经历让我深刻认识到数据不仅是信息的载体，也是金融决策的智慧源泉，更是我们在AI时代必须牢牢把握的宝贵财富。

AI在风险管理方面的应用同样令人叹为观止。传统的风险管理往往依赖于历史数据和经验判断，难以全面捕捉市场的动态变化。AI技术则能够实时监测市场变化，自动化评估投资组合的风险，并在不同的市场情境下进行预测和调整。这种精准化的风险管理，不仅大大提高了金融活动的稳定性，也对我们金融从业者提出了更高的要求。我们需要具备更加系统和全面的风险识别与控制思维，学会在AI的辅助下更加精准地把握市场的脉搏。例如，我曾经参与过一个由AI驱动的风险管理项目，通过AI技术的实时监测和预警，我们成功避免了一次潜在的市场危机。这次经历让我深刻体会到AI在风险管理中的巨大潜力，也让我更加坚信未来的金融风险管理必将更加依赖于AI技术的力量。

然而，AI技术的广泛应用也带来了一系列前所未有的挑战。对于我们这些普通人来说，如何适应这种新的金融环境，如何与AI共存并发挥各自的优势，成为一个亟待解决的问题。过度依赖技术，是AI时代金融思维面临的一大挑战。随着AI在金融领域的广泛应用，一些人开始盲目依赖算法和自动化决策，忽视人类直觉、经验和判断的重要性。他们似乎认为，只要有了AI，就可以高枕无忧，无须再费心去理解和分析市场。然而，这种"技术黑箱"效应，不仅可能导致决策的失误，还可能让我们失去对市场变化的敏感性和应变能力，因为AI虽然强大，但它毕竟只是工具，无法替代人类的智慧和判断。因此，在享受AI带来便利的同时，我们更要保持清醒的头脑，学会平衡AI的应用与人类判断，让技术成为我们决策的助力而非束缚。同时，我们要始终牢记，金融的本质是风险和收益的权衡，而这份权衡需要人类的智慧和经验来把握。

AI的引入，虽然让金融决策更加理性和数据化，但金融市场中的人类情绪仍然是一个不可忽视的重要因素。在股市、外汇市场等高度波动的市场环境中，情绪波动往往会导致投资者做出非理性决策。AI虽然能够分析数据并做出最优决策，但它缺乏情感和人类对不确定性的敏感性，无法理解市场的恐慌、贪婪、乐观或悲观，也无法感知投资者的心理变化。因此，我们在应用AI的同时，仍需保持对市场情绪和心理的敏锐洞察力，学会在复杂情境下做出平衡决策。例如，在一次股票市场大跌中，我正是凭借对人类情绪的深刻理解才能够在AI的辅助下保持冷静和理性，做出了更加稳健的投资决策，避免了不必要的损失。这次经历让我深刻体会到金融决策不仅仅是对数据和算法的掌控和运用，更是对人性、对市场的深刻理解和把握。

AI在金融领域的广泛应用也引发了关于技术伦理的广泛讨论。其中，算法透明性、数据隐私、道德风险等问题都是我们不得不面对的挑战。AI的决策过程是否公平？是否存在偏见？是否会侵犯投资者的隐私？这些问题都需要我们深入思考和解答。金融从业者和投资者在面对AI技术时，必须具备更高的伦理敏感性，确保技术应用符合公平、透明和道德的原则。同时，我们不能因为追求利益而忽视技术的伦理风险，更不能因为技术的便利性而牺牲社会的公平和正义，因为金融不仅仅是经济的命脉，更是社会的基石，它关乎每一个人的切身利益，更关乎社会的稳定和繁荣。

此外，AI技术的复杂性也对金融从业者的素质提出了更高的要求。在日常生活中，许多人尤其是普通投资者可能没有足够的能力去理解AI背后的技术原理和数据处理方式。这种技术鸿沟不仅可能导致一部分人对AI产生恐惧和排斥，还可能让他们错失金融领域的巨大机会，因为AI技术的发展必然伴随着金融产品和服务的创新，而那些无法理解和利用AI技术的人将很难在这场变革中立足。因此，我认为培养与AI相适应的金融思维，不仅需要提供技术工具，还需要加强基础教育与培训。我们需要让普通人能够理解AI的基本原理和应用场景，让他们知道如何利用AI技术来提升自己的投资决策能力。同时，我们也需要引导他们正确看待AI技术，避免对新技术的盲目依赖或排斥。

面对AI科技带来的挑战和机遇，我认为金融思维的培养必须适应这一变革。在传统金融思维基础上，我们需要扩展思维边界，具备更加全面和多元的能力。主要关注以下四个方面：

一是数据分析与决策能力。随着AI在金融领域的广泛应用，数据分析能力将成为金融思维中的核心技能。我们需要学会从大量信息中提取价值，利用数据驱动决策，提高决策的科学性和准确性。这不仅仅是对数据的简单处理，更是对数据背后隐藏的市场规律和趋势的深刻洞察。我们需要通过不断学习和实践，提升自己的数据分析能力，让数据成为我们决策的得力助手。

二是风险敏感性与判断力。AI能够识别和管理风险，但最终的决策仍需依赖金融从业者的判断。我们需要保持风险敏感性，学会在AI的辅助下做出合理且有前瞻性的判断。特别是在面对市场极端波动时，我们要能够保持冷静和理性，不被市场的情绪所左右，并准确判断市场的走势和风险点。因此，我们需要具备丰富的市场经验和深厚的金融知识，同时也需要不断学习和提升自己的风险识别和控制能力。

三是技术素养与伦理意识。金融从业者和投资者需要具备一定的技术素养，理解AI算法的基本原理和应用场景。我们需要知道AI技术是如何工作的，它有哪些优势和局限，如何更好地利用它来为我们的决策服务。同时，我们还必须培养伦理意识，确保AI在金融领域的应用符合道德标准，避免对社会带来不利影响。我们需要时刻牢记，金融的本质是服务实体经济，是促进社会资源的优化配置，不能因为追求利益而忽视技术的伦理风险，更不能因为技术的便利性而牺牲社会的公平和正义。

四是适应性与创新思维。在AI的影响下，金融行业的格局和竞争模式正在发生深刻变化。我们需要具备适应变化的能力，能够迅速适应新的市场环境和技术发展，不断调整自己的决策策略和投资组合。同时，我们也需要保持创新思维，勇于尝试新的金融产品和服务，不断探索新的投资机会和市场空间。这样，我们才能在AI时代保持竞争力，创造更大的价值。

AI科技对金融思维的影响与挑战是深远而复杂的，它不仅改变了金融决策的方式和速度，更要求我们具备更加科学、理性和前瞻性的思维模式。因此，我们需要不断学习和探索，以适应这个充满变革的时代；需要保持对技术的敬畏和对人性的理解，让AI成为我们前进的助力而非阻力；需要坚持金融的本质和初心，为实体经济服务，为社会创造更多的价值。

金融哲学与人生智慧

金融不仅是一门学问，更是一种思维方式和认知模式。它与我们的日常生活紧密相连，无论是简单的储蓄、借贷，还是复杂的物价波动、利率调整，都离不开金融的影子。这里，我们试图揭开金融的神秘面纱，让大家明白金融与生活的紧密联系，以及金融哲学如何指导我们的个人财务管理和生活规划。

金融，这个看似高深莫测的领域，实则触手可及。实际上，金融就像空气一样无处不在，虽然看不见、摸不着，但无时无刻不在影响着我们的生活。金融的本质是人性贪婪与恐惧的交织，是利益与风险的权衡。这种权衡不仅体现在金融市场的波动中，更体现在我们每个人的日常决策中。因此，理解金融的本质，对于我们制定合理的金融决策、规避风险、实现财富增长至关重要。以笔者为例，在华尔街的多年摸爬滚打，既深刻体会到了金融市场的波谲云诡和人性的复杂多变，也亲眼见证了无数投资者因为贪婪而陷入困境或因为恐惧而错失良机。这些经历让笔者深刻认识到，如果想在金融市场中取得成功，就必须学会控制自己的情绪，避免被人性的弱点所左右。这需要我们具备足够的自我认知，了解自己的风险承受能力、投资偏好和价值观，从而做出符合自己利益的决策。

投资，这个看似简单的行为，实则蕴含着深邃的人生哲理。投资不仅是资金的运作，更是对自我认知和人生态度的考验，而每一次投资决策都是一次对自我的审视和反思。通过投资，我们可以更好地了解自己，认识自己的优点和不足，从而不断完善自己。因此，我提倡将投资看作一种修行，通过投资过程不断提升自己的智慧和境界。

在长期的投资实践中，我们深刻体会到了耐心和冷静的重要性，毕竟金融市场的波动是常态，而稳定的回报则需要时间的积累。同时，我亲眼见过太多急功近利的投资者，他们试图通过短期的操作获取巨大的收益，但最终往往因为缺乏耐心和冷静而功亏一篑。因此，我们始终强调长期投资的理念，认为只有保持耐心和冷静，才能在金融市场中获得稳定的回报。这不仅仅是一种投资策略，更是一种生活态度。在人生的道路上，我们也需要有足够的耐心和冷静，去面对各种挑战和困难，去追求自己的梦想和目标。

除了耐心和冷静，投资还需要一种"逆向思维"。在金融市场中，往往当大多数人追捧某个热门投资品种时，就意味着风险已经悄然来临；当大多数人恐慌抛售时，反而可能是投资机会的显现。当然，这种逆向思维并不是盲目的逆势而为，而是基于深入的市场分析和理性的判断。

投资过程也是自我认知的过程，通过投资可以更好地了解自己的风险承受能力、投资偏好和价值观。同时，我们要再次强调心态管理的重要性，因为在金融市场中贪婪和恐惧是我们最大的敌人，只有保持冷静和理性才能避免因为情绪而做出错误的决策。此外，我们还提倡投资者要不断学习新知识、新技能，以适应不断变化的金融市场，因为在这个信息技术高度发展的时代，唯一不变的就是变化本身，只有不断学习、不断进步才能在这个瞬息万变的世界中立足。

金融哲学不仅体现在能看见的财富上，还体现在看不见的财富上。西哲亚里士多德有一句名言："幸福取决于我们自己！"但是，幸福的首要基础，必须有健康的身体，否则即便"五子登科"（拥有票子、房子、车子、妻子、孩子）充其量也只是五个"0"，只有在前面加一个"1"——健康，后面的五个0才会有意义。在现实生活中，这个看似人人都懂得的道理，真做起来却不那么容易，否则也不会有那么多人因为身体健康问题而英年早逝了。很多时候，人们的行为往往会本末倒置，完全不注重身体健康而只一味赚钱，甚至会忽略赚钱的本意是为了幸福的生活。因此，在工作的同时，我们应不忘放慢脚步享受生活，这样才是合理的。

金融哲学与人生智慧是相辅相成的。金融虽然不是生活的全部，但它是生活的重要组成部分。通过将金融哲学融入人生规划中，我们可以更好地管理个人财务、实现财富增长，并提升生活质量。同时，对人性的洞察与超越也是我们在金融市场中不可或缺的能力，只有学会洞察人性的弱点并努力超越这些弱点，才能在金融市场中获得稳定的回报。这种洞察和超越，不仅仅适用于金融市场，更适用于我们的人生道路。在人生的旅途中，我们需要不断审视自己、超越自己，去追求更高的境界和更美好的未来。因此，我们始终相信，智慧与修行的结合才是通往成功的重要途径。

投资不仅仅是一种经济活动，更是一种修行过程。通过投资过程中的不断学习和实践，我们可以提升自己的智慧和境界，实现个人成长和财富增长的双重目标。这种修行不仅仅局限于投资领域，也可以扩展到我们生活的各个方面，无论是工作、学习还是家庭，都可以通过不断修行来提升自己的智慧和境界，从而让我们的生活更加美好。

回首过往的金融之路，我们深感金融哲学与人生智慧的融合对个人成长和财富积累的重要性。因此，我们希望通过书籍、演讲、发言和直播等方式将这种融合的理念传递给更多的人，让更多的人明白金融不仅仅是数字和图表的游戏，更是人性与智慧的交锋。我们只有真正理解并掌握了金融哲学与人生智慧的融合之道，才能在金融市场中游刃有余，在人生的道路上越走越远。

在未来的日子里，我们将继续致力于金融哲学与人生智慧的研究和传播。我们相信，金融哲学不仅仅是一种理论或学说，更是一种实践和生活方式。它可以帮助我们更好地理解世界、认识自己，并指导我们的决策和行动。同时，我们也希望更多的人能够加入这个领域，一起探索金融哲学与人生智慧的奥秘，共同追求更加美好、更加充实的生活。

工具与资源：

应用：Mint（个人财务管理应用）、TradingView（金融市场分析与交易平台）、Bloomberg Terminal（财经新闻与数据分析平台）

书籍：《思考，快与慢》《学会提问》

网站：Investopedia（金融知识在线百科）、FactCheck.org（验证新闻和专家言论的真实性）、O'Reilly AI Conference（分享AI技术的最新进展和应用）

学习平台：TED Talks（获取各领域专家的演讲视频）、Kindle（阅读电子书籍，包括金融哲学类书籍）、Behavioral Finance Network（行为金融学网络资源）、Quantopian

结　语

读到这里，您已经跟随本书一同走完了一段充满探索与思考的金融旅程：从投资理财的核心理念到金融科技的飞速发展，从职业发展的精准导航到健康与教育的细致规划，再到金融思维的深度培养与面对未来不确定性的策略，每一个章节都致力于为您提供实用的建议和清晰的指引。

然而，知识的真正价值在于它的实践性。正如我们在书中反复强调的每一个观点、每一条建议，都需要通过实践来检验和深化。无论是精心策划的投资组合，还是优化的职业发展路径，抑或是为养老和健康做出的周全规划，我们只有将理论与实践紧密结合，才能在这复杂多变的世界中稳步前行，从而真正改善我们的生活，推动个人与家庭的长远发展。

当今世界正处于一个前所未有的变革时代，全球经济格局在动荡中重组，技术革命不断冲击传统思维，既带来了前所未有的机遇，也伴随着难以预料的挑战。如何在这样的环境中找到属于自己的路？答案就在于是否有不断学习的能力，是否有独立思考的能力，是否能够真正地学以致用，将他人的深刻洞见转化为适合自己的具体行动策略，从而游刃有余地应对未来的种种不确定性。

同时，金融思维不仅是一种帮助我们理解财富管理的工具，更是一种面对未来的生存智慧。它教会我们在复杂多变的环境中保持冷静、理性分析，做出最为明智的决策；它让我们学会以更广阔的视野审视人生，以更长远的眼光规划未来。因此，我们希望大家能通过这本书培养出这样的金融思维，让金融成为生活中的强大助力。

此外，我们深信金融的智慧不仅仅局限于个人财富的增长，它更是一种对社会的洞察与贡献。通过理性的投资与消费，我们可以促进资源的合理配置，推动经济的健康发展；通过关注绿色金融与共享经济，我们可以为地球的未来贡献一分力量。金融，让我们在追求个人利益的同时，也能够实现社会价值的最大化。

最后，我们衷心希望这本书不仅是一份知识的传递，更是一场心灵的对话和一次思维的启迪。在这里，我们愿每一位读者都能通过本书的内容获得启发，找到属于自己的答案，并在未来的生活中勇敢地实践、不断地创新，创造属于自己的价值。

未来的路上充满了挑战与机遇，但我们相信只要我们善于运用金融的智慧，就一定能够在人生的旅途中稳健前行。让我们行动起来，在变化中寻找机遇，在实践中积累智慧！